Cómo Vivir y Prosperar en Estados Unidos

How to Live & Thrive in the U.S.

Cómo Vivir y Prosperar en Estados Unidos

Consejos para ayudarlo a adaptarse y hacer su vida mas fácil

How to Live & Thrive in the U.S.

Tips to help you fit in and make your life easier

Donna Poisl

Live & Thrive Press
Tucson, Arizona

Parte de las ganancias de este libro van hacia estas instituciones benéficas:
Part of the proceeds of this book goes to these charities:
Heifer International, 1-800-422-0474, www.heifer.gov
ProLiteracy Worldwide, 1-888-528-2224, www.proliteracy.org

Published by
Live & Thrive Press, Tucson, Arizona 85715-2215

Library of Congress Control Number: 2003098227

ISBN-13: 978-0-9747155-3-7
ISBN-10: 0-9747155-3-0

Printed in the United States of America

Thank You

There are many people to thank: my friend Corasue Nicholas who did the drawings and my editors of the English version, Tom Marshall and Laura C. Russell. Thanks to my friend Carolyn Russell, who reviewed it and gave me her thoughts, my daughter, Sally Cattouse who helped with the cover and prepared it for the printer, my son Howard Poisl who helped with several different parts of the process and Marco Vidal who read an early draft and gave me his thoughts and suggestions. Thank you to my sister, Jean Clark, for listening and giving me her ideas and Michael Ing for his encouragement. Thanks for all the ideas and suggestions I received from Rose Prieto of LARASA, Carlos Soto of NHCC, Manuel Hidalgo of Spanish Catholic Center, Washingon, DC and Angie Armand of CHPRD.

I want to thank my mentors, Robert G. Allen and Mark Victor Hansen, who always say "Everyone has a book in them" and convinced me that this book that I had started several years ago could and should be completed. I also want to thank John Kremer for his marketing advice.

I also want to thank Elizabeth Salazar McConnell and her translation team at International Agency in Gastonia, NC.

I especially want to thank Sara Vargas and Pablo Carvajal, who edited and proofread the Spanish pages and translated all the changes.

Gracias

Hay muchas personas a quien agradecer: Mi amiga Corasue Nicholas quien hizo todos los dibujos, y mis editores de la version en Inglés, Tom Marshall y Laura C. Russell. Gracias a mi amiga Carolyn Russell quien lo reviso y me dio sus ideas, mi hija, Sally Cattouse quien ayudó con la carátula y lo preparó para la imprenta, mi hijo Howard Poisl quien ayudó con muchas partes diferentes del proceso y su cuñado, Marco Vidal quien leyó el borrador y me dió sus opiniones y sugerencias. Gracias a mi hermana, Jean Clark, por escucharme y por darme sus ideas y Michael Ing por su empuje. Muchas gracias por todas las ideas y sugerencias que recibí de Rose Prieto de LARASA, Carlos Soto de NHCC, Manuel Hidalgo de Centro Catolico Hispano, Washington, DC y Angie Armand de CHPRD.

Quisiera agradecer a mis mentores, Robert G. Allen y Mark Victor Hansen, quienes siempre dicen "Todo el mundo tiene un libro dentro de ellos" y me convencieron que el libro que comencé hace años podía y debería finalizarlo. También quiero agradecerle a John Kremer por sus consejos de mercadeo.

Quisiera tambien agradecer Elizabeth Salazar McConnell y al equipo de traductores a International Agency en Gastonia, NC.

Un agradecimiento en especial a Sara Vargas y Pablo Carvajal, quienes editaron y leyeron las páginas en Castellano y traducieron todos los cambios.

Contents

Contenido

Cómo Vivir y Prosperar en Estados Unidos

Consejos para ayudarlo a adaptarse y hacer su vida mas fácil

How to Live & Thrive in the U.S.

Tips to help you fit in and make your life easier

Donna Poisl

Drawings by Corasue Nicholas

Welcome to the United States!

You might have just moved here or maybe you're thinking about moving here. You may have lived here several years and still struggle with some things. This book has been written to help you find the everyday things you need so you can fit into this country better.

You'll find that many things you have to do here are done differently than they're done in your country. Some are the same, but many are not.

I'll give you some practical information and tips to help you choose a bank, get health care or medical insurance, get a car, a credit card and much more.

This book is printed with English on the left pages and your language on the facing pages. This way, you can use whichever language is easier for you and also practice the other one at the same time. Or, if you have family members help you with it, one can use the right hand side while the other person is reading the English side.

Whenever you go to social services offices, banks and other offices, you will almost always find brochures in English. Take one to keep at home, it will give you the local information and telephone numbers for their office. Ask if they have brochures in your language and if they do, take one or two of these, too.

This book will give you general information, addresses and phone numbers and some website addresses. Most importantly, it will help you figure out where you can find the precise information you need.

If I only give you a website address and you don't have a computer, you can use the computer at your library with no charge.

Some people reading this book and looking for information will be very well educated, others won't be. I have tried to make it useful for everyone. So if some things in it are too difficult or other things too easy, I hope you can get at least some information you can use.

Often the hardest part of learning something new is figuring out where to start looking for information.

¡Bienvenido a los Estados Unidos!

Puede que se haya acabado de mudar aquí o esté pensando en mudarse. Puede ser que haya vivido aquí por muchos años y todavía esté luchando con algunas cosas. Este libro ha sido escrito para ayudarle a encontrar las cosas cotidianas que necesite para poder adaptarse mejor a este país.

Encontrará que muchas cosas que tiene que hacer aquí son hechas en forma diferente que en su país. Algunas son iguales, pero muchas no las son.

Le daré información práctica y consejos para escoger un banco, obtener servicios o seguro médico, un vehículo, una tarjeta de crédito y mucho más.

Este libro está escrito en las páginas de la izquierda en inglés y en las páginas de la derecha en su lengua. De ésta manera puede usar el idioma que le sea más fácil a usted y al mismo tiempo practicar el otro. O, si tiene miembros de la familia que puedan ayudarle, uno puede usar el lado derecho en español, mientras la otra persona esté leyendo el lado izquierdo en inglés.

Cuando vaya a las oficinas de Servicio Social, bancos u otras oficinas, casi siempre encontrará folletos en inglés. Llévese uno para tenerlo en su casa, éste le dará la información local y los números de teléfonos de esas oficinas. Pregunte si tienen folletos en su idioma y, si tienen, tome los que necesite.

Este libro le dará información general, direcciones, números de teléfonos y algunas direcciones de correo o páginas de Internet. Lo más importante es que le ayudará a encontrar la información precisa que necesite.

Si solamente le dan la dirección de la página de Internet y no tiene computadora, puede usar la computadora de la biblioteca en forma gratuita.

Algunas personas que estén leyendo este libro y buscando información estarán mejor instruidos que otros. Yo he tratado de hacerlo útil para todos. Por lo tanto, si algunas cosas son difíciles y otras muy fáciles, espero que siempre pueda obtener información de su utilidad.

Usualmente la parte más dura al aprender algo nuevo, es decidir dónde comenzar a buscar la información.

Local Telephone Books

One of the most important sources of information you can have is your local telephone book and it is free. Look through the telephone book and become familiar with it, it is an excellent resource.

When you have a telephone installed in your apartment or house, you'll receive the local telephone books every year and often can request a duplicate book. If you don't have a telephone installed yet, the public library has all the local telephone books for you to use while you are there. It is a good idea to keep a telephone book in your car so you can look up an address while you are away from home.

Emergency numbers are usually on one of the first two or three pages in any telephone book. This will tell you if you should call 911 in an immediate emergency and will give you the other important numbers to call for other emergencies. Make sure everyone in your family knows to call 911 in a real emergency and where to find the other emergency numbers, which you call directly. If you are not able to get through to 911, you should call the other emergency number listed.

Other emergency numbers listed on this page will usually be for ambulances, reporting missing persons, U.S. Marshall, reporting missing children, FBI, poison center, highway patrol, mental health or suicide helplines and others. These numbers should be called instead of 911, because 911 is for an *immediate* police, injury or fire emergency.

> *The telephone book is the best all-purpose resource book you can have and it is FREE!*

Large cities have separate white pages and Yellow Pages books, smaller cities combine them in one book, the white pages at the front and Yellow Pages at the back.

If your city has separate white and Yellow Page books, you will find different information at the front of each. The white page book will have local telephone company information, how to use your telephone service, calling rates, area codes and long distance information and emergency information.

The front section of the Yellow Page books often has ZIP codes, local maps and a street index, listings and descriptions of places to go for fun and recreation, local sports information, museums, libraries, schools, hospitals, recycling locations, post offices, government offices, helplines and more.

The front of the combination white and Yellow Pages book has the same information as the front of the white pages book (local telephone company information and the emergency information) and also has very useful community information, although the information will probably not

Guía Telefónica Local

Uno de los recursos de información más importantes que puede tener es su guía telefónica local, la cual es gratis. Revise su guía y familiarícese con ésta, por que es un recurso excelente.

Cuando instale el teléfono en su apartamento o casa, usted recibirá la guía telefónica local cada año y a menudo puede pedir copias adicionales de la guía. Si todavía no tiene teléfono instalado, la biblioteca pública tiene las guías telefónicas para que las use mientras esté allí. Es buena idea tener una guía telefónica en su vehículo para encontrar una dirección cuando esté fuera de la casa.

Los números de emergencia están usualmente en las primeras dos o tres páginas de cualquier guía telefónica. Esto le dirá si debe llamar al 911 en caso de emergencia y le dará los otros números importantes para llamar en caso de otras urgencias. Asegúrese que todos en su familia sepan llamar al 911 en caso de peligros de vida o muerte y dónde encontrar los otros números de emergencia, a los cuales puede llamar directamente. Si no puede comunicarse con el 911, llame a los otros números de la lista.

Otros números de emergencia señalados en esa página son usualmente para ambulancias, personas y niños reportados desaparecidos, Jefatura de Policía de USA, FBI, Centro de Envenenamiento, Patrulla de Carretera, Salud Mental, Línea de Suicidio y otros. Estos números deben ser llamados en vez del 911, ya que el 911 es para requerir la presencia *inmediata* de la policía, y ambulancia por causa de heridas o incendios.

Las ciudades grandes tienen guías telefónicas separadas en páginas blancas y páginas amarillas. Las ciudades más pequeñas combinan las dos en una guía, las páginas blancas al principio y las amarillas al final.

Si la guía de su ciudad tiene páginas blancas y amarillas separadas, usted encontrará diferente información al principio de cada una. La guía de páginas blancas tendrá la información de la compañía de teléfonos local, cómo usar su servicio de teléfono, tarifas de llamadas, códigos de área, información de larga distancia y emergencia.

> ¡La guía telefónica es el mejor libro de referencia para todo propósito y, es gratis!

La sección inicial de la guía de las páginas amarillas frecuentemente tiene códigos postales, mapas locales, el índice de las calles, lista y descripción de lugares para ir a divertirse y recrearse, información de los deportes locales, museos, bibliotecas, escuelas, hospitales, lugares de reciclaje, oficinas de correo, oficinas del gobierno y líneas de ayuda entre otras.

El inicio de la guía telefónica combinada en páginas blancas y amarillas tiene la misma información que al comienzo de las páginas blancas (información de la compañía local de teléfonos e información de emergencia) y también tiene información acerca de la comunidad, sin embargo la misma

be quite as extensive as in the Yellow Pages book.

Almost anything you have to find is in the telephone book. You just have to figure out how to find what you are looking for. That, very often, is the hardest thing to do. And another problem is that some telephone companies might arrange their book differently than others. If you get accustomed to the way one city's book is arranged, and move to a different city, you'll discover that some things in your new book are different.

Finding Government Numbers

White page books often have a section that has a blue border or possibly blue pages, that lists all the city, county, state and federal government numbers that they think you will need. If your white page book doesn't have the government blue pages, it probably lists them at the front in the section with community information, so check your individual book.

Government offices are usually listed in the regular listings in the white pages, too. For example, if you are in the state of Illinois, look in "I" for "Illinois, State of" and all the state government offices will be listed. Do the same thing for the name of your county and the name of your city to find the county and city offices.

Finding an Alphabetical Listing

The names in the white page section are alphabetical by last name. Sometimes it is difficult to find a name. You might not be sure which of the names is listed first, so try all the combinations you can think of. Try different spellings, too.

The word "The" in the name of a business will be at the end of the listing, not at the beginning of the "Ts". For example, The Shrimp Boat Restaurant will be listed as "Shrimp Boat Restaurant, The" in the "S".

At the beginning of each letter of the alphabet, the names that have an initial in the title will be listed first. For example, G Food Store and GD Consultants will be at the beginning of "G" and P & A Welding will be at the beginning of "P".

Names that begin with St. are listed as if the word is spelled out, so if they are not listed in "St", you'll usually find them in "Saint". If the name of a company has a number at the beginning, spell the number out. An example would be 1st City Bank, look in "F" for First City Bank.

Finding a Business Listing

Some cities that combine white and yellow (and blue) in one book,

probablemente no será tan extensa como en la guía de páginas amarillas.

Casi todo lo que quiera encontrar está en la guía telefónica. Usted solamente tiene que saber cómo encontrar lo que está buscando. Esto, muy a menudo, es la cosa más difícil de lograr. Otro problema es que algunas compañías de teléfonos pueden poner el orden de sus guías diferentes a otras. Si usted, está acostumbrado a la manera en que la guía de una ciudad está ordenada y se muda a otra ciudad, descubrirá que algunas cosas de la nueva guía son diferentes.

Buscando Números de Gobierno

La guía de páginas amarillas usualmente tiene una sección con el borde azul o posiblemente páginas azules. Estas páginas tienen la lista de todos los números de ciudades, condados, estados y gobierno federal que ellos piensan que va a necesitar. Si su guía de páginas blancas no tiene las páginas azules del gobierno, ésta probablemente las enumera al inicio, en la sección con la información de la comunidad. Revise su guía individual.

Las oficinas del gobierno usualmente también están enumeradas en la sección principal de las páginas blancas. Por ejemplo, si usted está en el Estado de Illinois, busque en la "I" por "Illinois, State of" y todas las oficinas del gobierno del estado estarán en ese listado. Haga lo mismo con el nombre de su condado y ciudad para encontrar sus oficinas respectivas.

Buscando una Lista en Orden Alfabético

Los nombres en la sección de las páginas blancas están ordenados alfabéticamente por apellido. A veces es difícil encontrar un nombre. Pueda que no esté seguro cuál de los nombres está en la lista primero, por lo tanto trate todas las combinaciones que pueda pensar. También pruebe deletrearlo diferente.

La palabra "The" en el nombre de un negocio estará al final de la enumeración, no al principio de las "T". Por ejemplo "The Shrimp Boat Restaurant" estará enumerado como "Shrimp Boat Restaurant, The" en las "S".

Al comienzo de cada letra del alfabeto los nombres que tienen una inicial en el título serán enumerados primero. Por ejemplo, G Food Service y G D Consultant, estarán al comienzo de la "G" mientras que P & A Welding estará al comienzo de la "P".

Los nombres que comienzan con St, están en el listado como si la palabra estuviese deletreada, usualmente los encontrará bajo "SAINT". Si el nombre de la compañía comienza con un número, deletree el número. Un ejemplo sería "1st City Bank", busque en la "F" por "First City Bank".

Buscando un Listado de Negocios

Algunas ciudades combinan páginas blancas, amarillas y azules en una única guía. Tienen otra sección que enumeran solamente los negocios, los

also have another section, often with a border in grey, that lists only businesses. The white pages in those books will list only residences.

Yellow Pages have business ads on each page in addition to the alphabetical listings for all the businesses. (The white pages only have the names, addresses and phone numbers, with almost no ads.) All the businesses are divided by the type of business they are. Sometimes a business will have its listing in more than one category. There is often an index of all the categories somewhere in the Yellow Pages. Look at different categories you think the company you are looking for might be listed under. The index will tell you what pages the categories are on.

> *It can be confusing to find things in the telephone book. Don't give up!*

Use your imagination to figure out what category a company is listed in, sometimes they are very hard to find. People who have lived here all their lives have trouble finding certain businesses and names, so don't feel bad if you have trouble with it. Sometimes you just have to call the one you think is the right one and if it isn't, ask that person if they know what number you should be calling.

If you finally get to the company you are looking for and find yourself in a voice mail system with a puzzling choice of departments to pick from and can't get to a live person to ask a question–*try pushing 0.* Often (not always), this will get you to the receptionist. If you find yourself back in the menu of choices, try pushing the star/asterisk (*) button, this might get to the receptionist.

If You Can't Find a Name

Calling 411 will usually get an operator who can help you find a listing that you are having trouble with. There is often a charge to use this service, so use the telephone book if you can.

Some cities only give local numbers by calling 411: for a long distance number you'll have to call 1-(the area code you want)-555-1212. If neither of these numbers help you, try dialing 0, this will usually get an operator who can help you.

If you are looking for a toll free number for a company, dial 1-800-555-1212. There may be a charge for this service, too.

The telephone book is often confusing and it might be hard to find a name, but it is there – somewhere. Keep looking and while you are looking for a name, you'll discover other important things that are in there. It should be the first place you go to find something.

And the best thing about this book is that it's free!

cuales son marcados con un borde gris. En esas guías las páginas blancas enumeran solamente residencias.

Las páginas amarillas tienen avisos de negocios en cada hoja, además de la lista alfabética con todos los comercios. Las páginas blancas solamente tienen nombres, direcciones y números de teléfono, casi sin avisos. Todos los negocios están divididos por el tipo de comercio que son. Algunas veces un negocio estará en la lista en más de una categoría. A menudo hay un índice de todas las categorías en algún lugar de las páginas amarillas. Busque las diferentes categorías que usted piense donde puede estar localizada la compañía. El índice indica en que página está la categoría.

> *Pueda que sea confuso encontrar algunas cosas en la guia telefónica. ¡No se de por vencido!*

Use su imaginación para establecer en que categoría se encuentra una compañía. Algunas veces éstas son muy difíciles de encontrar. Personas que han vivido aquí toda su vida tienen problemas encontrando ciertos negocios y nombres, por lo tanto no se sienta mal si tiene problemas con esto algunas veces. Llame al que piense que está correcto y si no es, pregúntele a esa persona si sabe a que número debe llamar.

Si usted finalmente encuentra la compañía que está buscando y se da cuenta que le responde un sistema de contestador y no una persona a quien hacerle la pregunta, *oprima el 0*. Algunas veces (no siempre) eso lo transferirá a la recepcionista. Si se encuentra de regreso en el menú de selección, presione el botón del asterisco (*) esto lo puede comunicar con la recepcionista.

Si no Puede Encontrar un Nombre

Si usted llama al 411 usualmente le contestará una operadora que le podrá ayudar a conseguir el nombre o número con el cual está teniendo problemas. Hay un cobro por cada vez que use este servicio, así que use su guía telefónica mientras pueda.

Algunas ciudades solamente dan números locales cuando llama al 411. Para números de larga distancia usted tendrá que marcar el 1-(más el código de área que necesite)-555-1212.

Si usted está buscando por el número gratis de una compañía marque el 1-800-555-1212 para obtener dicha información. Puede que haya un cargo por este servicio.

La guía telefónica a veces es confusa y puede ser difícil encontrar un nombre, pero allí está, en algún lugar, siga buscando y, mientras lo hace, descubrirá otras cosas importantes. Este debe ser el primer lugar donde buscar información.

¡Lo mejor de la guía es que es gratis!

Emergency Help

Emergencies can happen anytime and anywhere and to anyone. The best thing you and your family can do is to prepare for it before it happens.

Look in the first pages of your telephone book for the page with emergency numbers. This will tell you if you should call 911 in a fire, police or ambulance emergency and will give you the important numbers to call for other emergencies. Make sure everyone in your family knows to call 911 in a real emergency and where to find the other emergency numbers. Go through the list with them to become familiar with it.

In a real emergency, when someone is in *immediate* danger, the first thing to do is call 911 and give them the address you are at. This is the telephone number to call from almost anywhere in the U.S. to report a fire, get police help and for immediate medical attention. If you can't get 911, call the other emergency number that is listed. In these situations, time is the most important factor in preventing damage or even loss of life. The person answering your call will immediately help, both by sending an ambulance, police car or fire truck and by transferring your call to an expert who will guide you through the situation until help arrives and try to keep you calm, too.

This number is also used in other police emergencies: if you are in serious danger, witness an accident or a crime in progress, call 911.

Prepare for an Emergency

Arrange for everyone in your family to call a certain person if they are not able to call home in an emergency. That person (probably in a different city or a different part of your city) will keep track of everyone and at least you all will know where the others are.

Buy a fire extinguisher and show everyone in your house how to use it. Have a first aid kit and at least one flashlight with good batteries in a safe place and be sure they are always kept there. Candles, matches and a radio that works on batteries are helpful if the electric power goes out.

Contact your local Red Cross or Salvation Army office for information to help you prepare for emergencies. They usually have brochures or websites (www.redcross.org and www.salvationarmyusa.org) that will tell you what you need to know. Once you get this information, discuss it with your family members and create a plan so each of you knows what to do in an emergency. Have a place where everyone will meet in case of a disaster like a tornado or fire.

Severe weather information is available on television and radio.

Ayuda en Emergencias

Las emergencias pueden ocurrirle a una persona en cualquier momento y lugar. Lo mejor que usted y su familia pueden hacer es prepararse antes de que suceda.

Los números de emergencias están localizados en las primeras páginas de su guía telefónica. Éstas le informará si debe llamar al 911 en caso de incendio, a la policía o a la ambulancia y le dará otros números importantes para llamar en caso de otras emergencias. Asegúrese que todos en su familia sepan llamar al 911 en casos de vida o muerte y dónde encontrar otros números de emergencias. Revise con su familia el listado para que se familiaricen con el mismo.

En caso de emergencia, cuando alguien esté en peligro *inmediato*, lo primero que hay que hacer es llamar al 911 y darles el domicilio donde se encuentra. Este es el número telefonico para llamar desde casi cualquier lugar de los Estados Unidos para reportar un incendio, pedir ayuda a la policía o atención médica inmediata. Si usted no puede comunicar se con el 911, llame a los otros números de emergencias en la lista. En estas situaciones, el tiempo es el factor más importante para prevenir daños o pérdidas de vida. La persona que responda a su llamada solicitará ayuda inmediata y en conjunto enviará la ambulancia, la policía, los bomberos y transferirá su llamada a un experto, quien lo guiará durante la situación para mantenerse calmado hasta que llegue la ayuda.

Este número también es usado en otras emergencias policiales. Si usted está en un peligro verdadero, presencia un accidente o un crimen en proceso, llame al 911.

Prepárese para una Emergencia

Haga los arreglos para que todos en su familia llamen a una persona específica si ellos no pueden comunicar se con la casa en una emergencia. Esa persona, no importa donde viva, sabrá dónde se encuentra cada uno y, por lo tanto, usted sabrá donde localizarlos.

Compre un extintor de fuego y muéstreles a todos en su casa cómo usarlo. Tenga un maletín de primeros auxilios y, por lo menos, una linterna con buenas baterías en un lugar seguro y cerciórese de que siempre se mantengan allí. Velas, fósforos y una radio que trabaje con baterías lo ayudarán si la luz se va.

Contacte su Cruz Roja local o la oficina del Salvation Army para pedir información que lo ayude a prepararse para casos de emergencias. Ellos usualmente tienen publicaciones o direcciones Web (www.redcross.org o www.salvationarmyusa.org) que le dirían lo que necesita saber. Una vez que obtenga esta información discútalo con los

Warnings are broadcast about severe thunderstorms, tornadoes, snowstorms, ice storms, hurricanes, floods and other weather that might cause problems for you. The National Weather Service continuously broadcasts weather warnings on NOAA Weather Radio. These radios are sold in many stores: if you live in an area that often has severe weather, it is a good idea to buy one to have when needed.

Often, if the electric power is out, the telephones will still work, but not unless you have a telephone that plugs right into the wall outlet. Telephones that also plug into an electric outlet will not work without power. Some people keep an old telephone, just in case.

What to do in a Weather Emergency

During severe lightning and thunderstorms, don't handle electrical equipment, stay away from bathtubs and sinks and unplug your televisions and computers. Stay away from windows and use cell phones, not house telephones.

Seek shelter if you are outside when a thunderstorm, hurricane or tornado is coming. Stay away from electrical lines that are knocked down and report them to the power company. If your household wires or appliances are wet stay away from them. Don't drive through a flooded area or walk through water that is flowing, it is very often much deeper and faster moving than it looks.

Food Safety in an Emergency

After a severe storm the drinking water is sometimes contaminated. If in doubt, use bottled water and call the water company for information. Sometimes they will recommend that you boil all water before using it until they notify you that it is safe to drink.

Do not open the refrigerator or freezer door, unless necessary, if the power is out. A full freezer will stay cold for two to three days if is not opened. If you have to open it, do it quickly and group meats and fish together so they won't contaminate the other food if they start to thaw.

Food in a refrigerator that isn't opened will stay cold for several hours, but some of it might have to be thrown away when the power comes back on. Fresh meat, lunch meat, eggs, milk, soft cheese and many other foods will not be safe to eat once they have been above 40 degrees for more than a few hours. If the power has been out for a long time and much of the food is spoiled, throw it in the garbage and wash the inside of the refrigerator with hot, soapy water. Rinse it with a tablespoon of bleach in a gallon of water and let it air-dry.

miembros de su familia. Haga un plan de emergencia para que cada uno sepa qué hacer. Asigne un lugar donde se encontrarán en caso de desastres como tornados o incendios.

Información sobre el tiempo está disponible en la televisión y la radio. Advertirán acerca de tormentas severas, tornados, tormentas de nieve, hielo, huracanes, inundaciones y todo mal tiempo que pueda causarle problemas. El Servicio Meteorológico Nacional continuamente transmite advertencias de mal tiempo en la estación de radio del NOAA. Estas radios se venden en muchas tiendas. Si vive en una área que a menudo tenga mal tiempo, es una buena idea que compre una para cuando lo necesite.

Muchas veces, si se va la luz, los teléfonos no trabajarán al menos que tenga un teléfono que se enchufe directamente en la pared. Los teléfonos que se enchufan en una toma corriente tampoco trabajan sin luz. Algunas personas conservan un aparato de teléfono antiguo para estos casos.

Que debe Hacer en Caso de Emergencia por Mal Tiempo

Durante relámpagos y truenos fuertes no opere herramientas eléctricas, permanezca lejos de bañeras o lavamanos y desconecte sus televisores y computadoras. Manténgase lejos de las ventanas y use celulares, no use el teléfono de la casa.

Busque refugio si usted está fuera cuando haya una tormenta, huracán o tornado. Manténgase lejos de líneas de electricidad caídas y repórtelas a la compañía de luz. Si los cables de su casa o aparatos eléctricos están mojados, aléjese de ellos. No maneje o camine en áreas inundadas o con corrientes de agua. Muchas veces son más profundas y se mueven más rápido de lo que se ve.

Seguridad de la Comida en Caso de Emergencia.

Después de una tormenta fuerte el agua potable algunas veces se contamina. Si tiene dudas tome agua de botella y llame a la compañía de agua para mayor información. Algunas veces ellos le recomendarán que hierva el agua antes de usarla, hasta que le notifiquen cuando es seguro beberla.

Si no hay luz, no abra la puerta del refrigerador o congelador a menos que sea necesario. Un congelador lleno permanecerá frió por dos o tres días si no se abre. Si tiene que abrirlo, hágalo rápidamente y agrupe carnes y pescados para que no contaminen la otra comida si comienzan a descongelarse.

La comida en un refrigerador cerrado permanecerá fría por varias horas, pero alguna puede que tenga que botarla cuando regrese la luz. Carne fresca, carne de almuerzo, huevos, leche, queso blando y muchas otras comidas no serán seguras una vez que hayan estado a temperaturas sobre 40 grados por

Carbon Monoxide Danger

If the electric power is off, and you have a charcoal or gas grill, you can use it to cook your food, but *never* use it indoors. These fuels give off carbon monoxide gas and they will make you very sick or kill you if you use it inside your house. If you have a wood burning fireplace, you can cook on it, but only if the chimney works well.

If you have a fireplace with gas logs, *never* cook on them, because the smallest piece of food or drop of grease can affect the controls and plug up the gas outlets. Turn the logs off periodically anytime you use them and keep a window or door open a crack to let fresh air in. If the control for the logs is electric and the electricity is out, do not try to light them with a match or lighter. Never go to bed with a gas log fireplace left on to keep your room warm.

Also don't ever use a generator inside your house, basement or garage. Always use a generator outside where it gets fresh air.

You may have been able to safely use a grill in your house in your home country, but the houses in this country are very well insulated and much more air-tight than some other countries. The carbon monoxide gas can't escape from these houses or apartments and is very dangerous.

> *Have a couple carbon monoxide and smoke detectors in your house, and a fire extinguisher, too.*

Carbon monoxide is colorless and odorless. The symptoms of carbon monoxide poisoning are headache, fatigue, nausea and dizziness. People often fall asleep and die without ever knowing there was a problem. Call 911 immediately if you experience these symptoms while using charcoal, gas or oil appliances. A car idling in a garage also gives off carbon monoxide and the gas can seep into the adjoining house or apartment and kill the occupants or neighbors.

You should have a couple smoke detectors and carbon monoxide detectors in your house. These can be purchased at building supply, department and discount stores and are not very expensive. Be sure to replace the batteries once or twice a year so they are always working. Many people replace them on the day the time changes in the spring and the fall, very often you will see a reminder in the newspaper on those days to replace those batteries. Many apartments and houses already have these detectors, but if yours doesn't have them, you should buy them: they could save your life. A working smoke detector should be located close to the bedroom doors in your house or apartment. Don't put one near the kitchen.

You should also have at least one fire extinguisher in your house. You should have one in the kitchen and another near the bedrooms, because it

más de pocas horas. Si la luz se ha ido por mucho tiempo y mucha de la comida se echó a perder, bótela y lave por dentro el refrigerador con agua caliente y jabón. Enjuáguelo con una cucharada de cloro en un galón de agua y deje que se seque.

Peligro que Causa el Monóxido de Carbono

Si no hay electricidad y usted tiene una parrilla de gas, puede usarla para cocinar su comida, pero nunca la use adentro. Estos combustibles producen gas de monóxido de carbono que lo enfermará o matará si lo usa dentro de su casa. Si usted tiene una chimenea que queme madera, puede cocinar en ella, pero solamente si la chimenea trabaja bien.

Si tiene chimenea de leños de gas, *nunca* cocine en ella porque el pedazo más pequeño de comida o grasa que le caiga puede afectar los controles y las conexiones del distribuidor de gas. Apague los leños periódicamente cada vez que los use y mantenga una ventana o puerta entreabierta para que entre aire fresco. Si el control de los leños es eléctrico y no hay electricidad, no trate de prenderlo con un fósforo o encendedor. Nunca se vaya a dormir con la

> *Tenga en su casa un par de detectores de humo y monóxido de carbono y, también, un extintor de fuego.*

chimenea de gas prendida por querer conservar el cuarto caliente.

Nunca use un generador dentro de su casa, sótano o garaje; siempre úselo afuera donde haya aire fresco.

Pueda que usted haya usado sin accidentes una parrilla en su casa en su país, pero las casas de este país son más herméticas y aisladas que en otros lugares. El gas de monóxido de carbono no puede escapar de estas casas o apartamentos y es muy peligroso.

El monóxido de carbono no tiene color ni olor. Los síntomas de intoxicación son: dolor de cabeza, fatiga, náuseas y mareos. Hay personas que se duermen y mueren sin nunca saber que había un problema. Llame inmediatamente al 911 si siente estos síntomas, mientras esta usando carbón, gas o lámparas de aceite. Un vehículo prendido en el garaje también emite monóxido de carbono y el gas puede pasar a la casa o apartamento adyacente y matar a sus ocupantes o vecinos.

En su casa debería tener un par de detectores de humo y de monóxido de carbono. Estos pueden ser comprados en tiendas de materiales de construcción, de departamentos y de descuento. No son muy caros. Asegúrese de reemplazar las pilas una o dos veces al año para que siempre estén funcionando. Muchas personas las reemplazan cuando cambia la hora en la primavera y el otoño. A veces verá en esos días un recordatorio en el periódico para cambiar las pilas. Muchos apartamentos y casas ya tienen estos detectores, pero si la suya no los tiene, cómprelos: pueden salvarle la vida. Un detector de humo que funcione debería estar localizado en su apartamento o

might be hard to get to the kitchen in the night if your smoke detector wakes you. Make sure it is rated ABC, so it will put out all types of fires.

Furnaces that are not working properly can give off carbon monoxide, so this is another reason why it is important to have a detector in your house. You might not even know the furnace is faulty.

When you turn your furnace on after it has been off for a long time, it might smell like sulphur or smoke. This is usually not dangerous, the smell will go away soon.

Kerosene Heaters

Many people think kerosene heaters are safe to use indoors, but they can be very dangerous. They should only be used as supplemental heat and never left on while people are asleep. They consume oxygen and produce gases that will kill you if there is not enough ventilation in a room. They also have the added danger of fire.

Be sure the heater is level, cannot be tipped over or bumped into, and is at least 36 inches from furniture or anything else that can burn. The surface of the heater can get extremely hot: keep children away from it.

Be very careful to always use the correct grade of kerosene and never use gasoline or other fuels. Always refuel the heater outside. Check your insurance policy before you start using a kerosene heater to see if it covers damage caused by these heaters.

Emergency Shelters

The Red Cross or Salvation Army brochures will tell you if they have free shelters available for emergency use. They usually have arrangements to use gymnasiums in the local schools for this purpose.

If those organizations don't have shelters available, ask the people at your church or Social Services department in your county. In case of a tornado or flood or severe storm, there will be some place you can go for shelter. In severe cases, people stay for days in these shelters. The group that runs the shelter has cots and blankets and meals for the people who are forced out of their homes. There are very often a lot of people there and it might not be the most comfortable place, but it is dry and warm and safe and you will meet many other people in the same situation.

Elderly people and babies are the most susceptible to problems when there is a weather related emergency. They are unable to regulate their body temperature as well as other people and should not stay very long in

casa cerca de la puerta de su habitación. No ponga uno cerca de la cocina.

También debería tener por lo menos un extintor de fuego en su casa. Es recomendable tener uno en la cocina y otro cerca de los cuartos, ya que se haría muy dificultoso ir en la noche a la cocina si su detector de humo lo despierta. Asegúrese que sea del tipo ABC, para que extinga todo tipo de fuegos.

Los calentadores que no estén trabajando apropiadamente pueden esparcir monóxido de carbono. Esta es otra razón por la cual es importante tener un detector en su casa. Pueda que ni siquiera sepa que el calentador tiene problemas.

Cuando prenda su calefactor después de haber estado apagado por mucho tiempo, podría oler como sulfato o humo. Esto no es usualmente peligroso, el olor se irá pronto.

Calentadores de Kerosén

Muchas personas piensan que los calentadores de Kerosén son seguros para usarlos en la casa, pero pueden ser muy peligrosos. Deberían ser usados como calefacción complementaria y nunca dejarlo prendido mientras una persona está dormida. Estos consumen oxígeno y producen gases que pueden matar si no hay suficiente ventilación en la habitación. También tienen peligro de incendio.

Asegúrese que el calentador esté nivelado, que no se voltee o pueda golpearlo y que esté por lo menos a 36 pulgadas de los muebles o cualquier material que se pueda quemar. La superficie del calentador puede ponerse extremadamente caliente: mantenga a los niños lejos de éste.

Siempre sea muy cuidadoso en usar el grado correcto de kerosén y nunca use gasolina u otros combustibles. Siempre agregue kerosén al calentador afuera de la casa. Revise su póliza de seguros antes de comenzar a usar un calentador de Kerosén para ver si cubre daños causados por estos artefactos.

Refugios de Emergencia

La Cruz Roja o el Salvation Army le informarán si tienen refugios gratis disponibles para uso en emergencias. Normalmente han hecho arreglos en los gimnasios de las escuelas locales para este propósito.

Si esas organizaciones no tienen refugios disponibles, pregúntele a la gente de la iglesia o departamento de servicios sociales en su condado si en caso de un tornado, inundación o tormenta fuerte, existe algún lugar donde usted puede ir a refugiarse. En caso de catástrofes severas, las personas permanecen por varios días en estos refugios. El grupo encargado del refugio tiene camillas, cobijas y comida para personas que se ven forzadas a evacuar sus casas. Frecuentemente allí habrá mucha gente y no será el lugar más cómodo, pero es seco, cálido y seguro.

a house that is too cold or hot because the power has gone out. They should go to a hotel or shelter if at all possible.

If there is no alternative but to stay in a cold house, everyone should dress in layers of clothing and wear hats. It is always a good idea to check on your neighbors in a weather emergency, too. See if they have adequate heat, air conditioning, food, water – all the things that can be a problem if the electricity goes out or if there is flooding or snowstorms or something else out of the ordinary.

Victims of Domestic Violence and Child Abuse

There is no excuse for domestic violence or child abuse and there is help available for all victims of abuse.

If you are a victim of spousal abuse, call 911 for emergency help. You should call your county Department of Social Services (find them in your telephone book) for non-emergency assistance. They will tell you where a shelter is available for you and your children. They will also give you information on other things relating to domestic violence: attorneys and court orders you can get, safety tips, what to do in an emergency and support groups to help you.

Many people think they are stuck in the situation and will never be able to get out of it, but it doesn't have to be that way. There is help available and help is also available to children who witness abuse in their home, but aren't actually harmed themselves.

Usually the people seeking this help are women, but sometimes the man of the family is the victim of the abuse and this assistance is available for him, too. He should not be embarrassed and he should seek help.

The number for the National Domestic Violence Hotline is 1-800-799-7233, you can call them 24 hours a day, seven days a week. Their website address is www.ndvh.org.

This help is also available to children who are victims of abuse from their parents or caregivers or others in authority. School children are sometimes more comfortable asking their school counselors for help. The counselor will call the appropriate department to help them. To report child abuse or get assistance, call 1-800-244-5373.

Remember: call 911 for emergency help in any kind of emergency, including domestic violence. The police will come and help you.

Las personas mayores y los bebés son más susceptibles a problemas relacionados con las emergencias climáticas. Ellos no pueden regular la temperatura de sus cuerpos tan bien como otras personas, por lo que no deben permanecer por mucho tiempo en una casa que esté muy fría o muy caliente o que no tenga electricidad. Se deberían ir a un hotel o refugio si es posible.

Si no hay otra alternativa que permanecer en una casa fría, todos deben vestirse con capas de ropa y usar gorros. También es buena idea verificar con sus vecinos en tiempos de emergencia. Vea si tienen calefacción adecuada, aire acondicionado, comida, agua – todo lo que pueda ocasionar problemas en caso de que se vaya la luz, haya inundaciones, tormenta de nieve o algún otro suceso fuera de lo común.

Víctimas de Violencia Doméstica y Abuso de Menores

No hay excusa para la violencia doméstica o el abuso de menores y hay ayuda disponible para todas las víctimas.

Si usted esta siendo abusada por su esposo(a), llame al 911 para ayuda de emergencia. Usted debería llamar al Departamento de Servicios Sociales de su condado (encuéntrelo en su guía telefónica) para casos que no son de emergencia. Ellos le dirán donde hay un refugio disponible para usted y sus niños. Ellos le darán información en los asuntos relacionados con violencia doméstica: como obtener abogados y órdenes de la Corte, medidas de seguridad, grupos de apoyo y qué hacer en caso de emergencia.

Muchas personas piensan que están estancadas en una situación y nunca pueden salir de ella, pero no tiene que ser así. Hay ayuda disponible también para los niños que son testigos de abuso en sus hogares, pero que no han sido perjudicados aún.

Usualmente las personas que solicitan esta ayuda son mujeres, pero algunas veces los hombres de la familia son víctimas del abuso. La asistencia está disponible para él, no debe avergonzarse y buscar ayuda.

El número de la Línea Nacional de Violencia Doméstica es 1-800-799-7233, puede llamar las 24 horas del día, siete días a la semana. Su página de Internet es http://www.ndvh.org.

Esta ayuda también está disponible para niños que son víctimas del abuso de sus padres o de las personas autorizadas en cuidarlos. Los niños de escuela, algunas veces se sienten más cómodos pidiendo ayuda a los consejeros escolares. El consejero llamará al departamento más apropiado para que los ayuden. Para reportar el abuso de un niño o conseguir asistencia, llame al 1-800-244-5373.

Recuerde llamar al 911 para ayuda de emergencia de cualquier clase, incluyendo violencia domestica. La policía vendrá y lo ayudará.

Schools

Each state is responsible for providing a public school system so all children can receive an education. There is no charge for attending public school and it is open to all students. No state may deny equal education opportunities to an individual because of his or her race, color, sex or national origin. It is against the law to deny a child access to an education. Schools aren't allowed to ask for a social security number to allow the children into their school.

These schools are from kindergarten through high school. Children are required to attend school from ages 6 to 16 in most states and to 18 in the others.

The federal government's "No Child Left Behind Act" mandates extra concentration on children with limited English proficiency, migratory children, homeless children, children with disabilities, disadvantaged children and minority children.

School systems are run by the county governments and each county has its own rules. Look in your telephone book white pages for the school system in your county. It might be listed under "Schools" or the name of your county. They are also listed in the community section of your book.

Get involved in your children's schools. Visit their classes and volunteer to help.

Call them and ask what proof of age and residency and prior school records you have to bring with you when you register your child in school. Your children will also need certain vaccinations and inoculations, which they can get at a clinic or doctor's office. They also might need a dental examination.

Children who have parents involved in their schooling always do better than children whose parents are not involved. Watch for signs that your child might be having problems and ask for parent-teacher meetings when you want to speak with your child's teachers. Teachers always appreciate parents who are trying to help their children and a meeting will often solve problems before they get too difficult to fix.

All schools like to have the parents involved in their children's schools. Volunteer to help occasionally if you are able to. Teachers rarely have enough time or resources to do all the things they want to accomplish and welcome any extra help. Your children will usually enjoy having you there, too.

Your children will often bring papers home that have to be signed by a parent: tell your children to always give you those papers.

Be sure to keep a calendar of your children's school days visible in

Escuelas

Todos los estados son responsables de proveer el sistema escolar para que todos los niños reciban una educación. No hay cargos por asistir a las escuelas públicas y están abiertas a todos los estudiantes. Ningún estado debe negar igualdad u oportunidades de educación a un individuo debido a su raza, color, sexo u origen nacional. Es ilegal negarle a un niño el acceso a la educación. A las escuelas no se les permite solicitar un número de seguro social para admitir a los niños en las escuelas.

Estas escuelas comienzan desde preescolar hasta bachillerato o secundaria. En casi todos los estados es obligatorio que los niños de entre 6 a 16 años de edad asistan a la escuela. En otros estados es hasta los 18 años de edad.

Un decreto del Gobierno Federal establece que "Ningún Niño se Quede Atrasado", obligando una dedicación especial a niños con límites en capacidad del Inglés, niños inmigrantes, niños sin hogar, niños con impedimentos y niños de minorías.

El sistema escolar corre por cuenta del gobierno del condado y cada condado tiene sus propias reglas. Busque "sistema escolar" en las páginas blancas del condado de su guía telefónica. Puede estar en el listado bajo "escuelas" ("Schools") o bajo el nombre de su condado. También estará en la sección de la comunidad de su guía telefónica.

Llame y pregunte sobre qué prueba de edad, residencia y registros previos de escuela tiene que traer cuando inscriba a su niño en la escuela. Sus niños también necesitarán ciertas vacunas o inmunizaciones las cuales pueden obtener en una clínica u oficina de doctor. También pueden necesitar un control dental.

Manténgase relacionado con la escuela de sus hijos. Visite sus clases y ayúdeles como voluntario(a).

En todas las escuelas les gusta que los padres estén involucrados en las actividades escolares de sus niños. Ofrézcase de voluntario si puede. Sus hijos estaran alegres de tenerlos ahi tambien.

Niños que tienen padres involucrados en su educación siempre hacen mejor que esos cuyos padres no lo son. Busque por señales que pueden identificar problemas con los niños. Tambien pregunte por reuniones entre padre y maestro para hablar sobre su hilo. Las maestras siempre aprecian a padres que tratan de ayudar a sus nijos y con una reunion muchos problemas se pueden corregir antes de que sean muy difíciles de rememdar.

Las maestras casi no tienen tiempo o los recursos para hacen todo lo que quieren complir y por ello aceptan cualquier ayuda.

Sus niños a menudo traerán papeles a la casa que tienen que ser firmados por uno de los padres. Dígales a sus niños que siempre le entreguen esos papeles.

your home. Schools allow a maximum number of absenses and if your children exceed that number, they can be expelled or suspended from school. Even if they are out of the country, those days count.

You might prefer to have your children attend a private school. Many churches and organizations operate private schools, and they all charge tuition. Your Yellow Pages will list them under "Schools".

Some parents prefer to home school their children, but new residents usually don't do this. There are certain requirements that have to be met and new residents probably couldn't meet them.

Colleges and universities all charge tuition, although local community colleges, also called junior colleges, charge very little. They provide two years of academic instruction, as well as technical and vocational training. Community college graduates usually earn an "associate's" degree (which is not the same as a four-year college or university degree). Many students begin at a community college and then transfer to a regular college or university to earn an undergraduate (bachelor's) degree. Colleges require certain test scores in order to be accepted and community colleges often do not demand scores quite as high.

Vocational schools train their students with practical or specialized job skills, including industrial or commercial occupations. These schools might teach massage, pet grooming, hair cutting, auto mechanic or truck driving. Many vocational schools do not require a high school degree, though they may require a high school equivalency score. Look in the Yellow Pages for names and call for their rates. Most schools will help their graduates find jobs, too. Try to talk to some of the students and ask if they are happy with the instruction they are getting.

Some large prestigious universities might cost more than $40,000 a year. Scholarships, grants and financial aid are available for many students, especially if they have had good grades or extraordinary athletic ability all through their high school years.

It is very important to have an education. Be sure your children stay in school, at least through high school. People without a high school diploma will have a difficult time all their lives and it is fast becoming necessary to have two or more years of college or technical school to get a good job.

Asegúrese de mantener un calendario con los días de escuela de sus niños en un lugar visible en la casa. Las escuelas permiten un número máximo de ausencias. Si sus niños se pasan de ese numero pueden ser expulsados o suspendidos de la escuela. Aun si ellos estan fuera del país, esos días cuentan.

Pueda que prefiera que sus hijos asistan a una escuela privada. Muchas iglesias y organizaciones operan escuelas privadas y todas cobran matrícula. Busque en las páginas amarillas los diferentes números de las escuelas, los encontrará en el listado bajo la palabra "Schools".

Algunos padres prefieren enseñar a sus niños en la casa, pero los residentes nuevos usualmente no hacen esto. Hay ciertos requerimientos mínimos y los residentes nuevos probablemente no puedan cumplirlos.

Todos los colegios y Universidades cobran matrícula, sin embargo los colegios de la comunidad, también llamados Junior College, cobran muy poco. Estos proveen 2 años de enseñanza académica y abarcan la parte técnica y entrenamiento vocacional. Los graduados de estos institutos usualmente obtienen un grado de "Técnico" (el cual no es lo mismo que un colegio de cuatro años o un grado universitario). Muchos estudiantes comienzan en estos institutos y luego se transfieren a un colegio regular o Universidad para obtener un grado de Bachiller Universitario (bachelor's). Los colegios requieren cierto promedio de examen para que el estudiante pueda ser aceptado, pero los comunitarios a menudo no exigen promedios tan altos.

Las Escuelas Vocacionales entrenan a sus estudiantes con prácticas y los especializan en conocimientos que le permitan desempeñarse en ocupaciones en las áreas industriales y comerciales. Estas escuelas pueden enseñar: masajes, cuidado de animales, peluquería, mecánica de autos y conducción de camiones. Muchas escuelas vocacionales no requieren un grado de bachiller, sin embargo pueden requerir su equivalencia. Busque en las páginas amarillas por los nombres de éstas escuelas y llame para obtener las tarifas de las mismas. También muchas escuelas ayudan a sus graduados a encontrar trabajo. Trate de hablar con algunos estudiantes y pregunte si ellos están satisfechos con la enseñanza que están obteniendo.

Algunas Universidades de gran prestigio pueden costar más de $40.000 al año. Becas, ayuda gubernamental y ayudas financieras están disponibles para muchos estudiantes, especialmente si tienen buenas notas o habilidades atléticas extraordinarias durante los años de bachillerato o secundaria.

Es muy importante tener una educación. Asegúrese que sus niños se mantengan en la escuela, por lo menos durante el bachillerato o secundaria. Las personas sin diploma de bachillerato tendrán dificultades toda su vida y se está haciendo necesario tener dos o más años de colegio o una escuela técnica para obtener un buen empleo.

Public Libraries

Every city has a public library and a large city will have a main library building and several smaller branches. To find it in your telephone book, look for the name of the county then go down to "L" and find library. They will also be listed in the community information section at the front of your book.

Anyone can use a public library. You can go into a library and read newspapers, magazines and books in any city of the country. But you can't check anything out, unless you have a library card. The library card will also allow you to check out tapes and videos if they have them.

To get a library card, you have to show proof of residency and then that library system is the only one that will allow you to take books out with you. If you move to another city, you'll have to get a card at your new library. They are free and easy to get with proof that you are a resident. Ask what proof they want to see.

Most libraries now have computers that are hooked up to the Internet. You don't usually have to have a library card there or even be a resident of that city to use them. You will have to show them your driver license or other identification and possibly make an appointment to use a computer.

Your library is an excellent place to find information and it is FREE too!

The librarians usually won't show you how to use a computer, but if you know how to use it, the library is an excellent place to look up information and write down telephone numbers or other information you have found. They also have printers and photocopiers.

The library computers would be useful for you to look up some of the information in this book, especially the ones that give the web addresses. If you want to find a web address, get into a search engine such as "google" or "yahoo" and type in the name of the company or organization to find the web address.

Most libraries have books and other material in languages other than English. If you ask the librarians to get more books in your language, they can usually get them from another library in their state or region. If enough people ask for certain languages, they are often able to order the books and have them there all the time.

Public schools and libraries are financed with tax dollars. That means *your* tax dollars pay for them, too.

Bibliotecas Públicas

Toda ciudad tiene una biblioteca pública. Una ciudad grande tendrá una sede de la biblioteca principal y varias sucursales pequeñas. Para encontrarla en su guía telefónica, busque por el nombre del condado entonces baje a la "L" y encuentre "Library" que significa biblioteca. También estarán en el listado en la sección de información de la comunidad al inicio de su guía.

Cualquiera puede usar la biblioteca pública. Usted puede ir a la biblioteca y leer periódicos y revistas de cualquier ciudad del país. Usted no puede sacar nada al menos que obtenga una tarjeta de la biblioteca. Ésta también le permitirá que retire cintas de video, si las tienen.

Para obtener la tarjeta de la Biblioteca debe que mostrar prueba de residencia. Con ésta tarjeta podrá entrar al sistema de la Biblioteca que le permitirá que se lleve los libros prestados. Si usted se cambia de dirección a otra ciudad, tendrá que obtener otra tarjeta en su nueva biblioteca. Estas son gratis y fáciles de obtener con una prueba de residencia. Pregunte que prueba necesitan ver.

Ahora muchas bibliotecas tienen computadoras que están conectadas a Internet. Usted usualmente no tiene que tener la tarjeta de la biblioteca ni siquiera ser residente de esa ciudad para usarlas. Tendrá que mostrar su licencia de manejo u otra identificación y posiblemente hacer una cita para usar la computadora.

Los bibliotecarios usualmente no le enseñan como usar una computadora, pero si usted sabe como usarla, la biblioteca es un lugar excelente para buscar información y escribir números de teléfono u otros datos que usted necesite. También tienen impresoras y fotocopiadoras.

> *¡La biblioteca publica es un excelente lugar para encontrar información y esta es también GRATUITA!*

Las computadoras de la biblioteca le serán de utilidad para que busque algunas de las informaciones que aparecen en este libro, especialmente la de las direcciones de Internet. Si quiere encontrar por el Internet una dirección de Web, vaya y busque en "Google" o "Yahoo" y escriba el nombre de la compañía u organización para encontrar sus direcciones.

Muchas bibliotecas tienen libros y otros materiales en otro lenguaje además del inglés. Si le pide a su bibliotecario que le consiga más libros en su idioma, ellos pueden usualmente obtenerlos en otra biblioteca en su estado o región. Si suficientes personas piden ciertos lenguajes, ellos a menudo pueden ordenar los libros y tenerlos allí todo el tiempo.

Las escuelas públicas y bibliotecas son financiadas con los dólares de los impuestos. Eso significa que el dinero de *sus* impuestos también paga por todo esto.

ESL Classes

If your English isn't very good, you should take some classes and learn to read and speak it. You will have a much easier time in any country if you know the language. If you are making your home there it is especially important. You're working and paying taxes, signing legal documents and making large purchases and if you don't understand the language you might not be getting everything you are entitled to and may even be cheated.

Another benefit is that many more jobs are available to people who know English and another language.

There are many ways to learn English in this country. Small children will pick it up from playmates and they have the easiest time. School children will learn English in their English as a Second Language (ESL) classes. Many people who work in large companies or factories are offered ESL classes as one of the benefits of being an employee there. All these classes are usually free.

Schools have evening adult education ESL classes for people in their community and colleges offer ESL classes, usually with daytime and evening classes. These schools usually charge a small tuition.

Some social service organizations (YMCA, Salvation Army, Red Cross) have ESL classes or can tell you who does. And many churches have classes or can tell you who does.

There are many Internet sites that have online classes, with lessons to download and print yourself. It is a good idea to take a classroom course if you can, at least for part of your learning, because then you can actually speak with and listen to others and learn the correct pronunciation. These classes have people from many different countries all together in one class, all learning English.

Besides making sure you get everything you are entitled to by being able to read and speak in the language of the country you are living in, you will also have more credibility with the people who have lived there all their lives. They will accept and respect you more if they see you have made the effort to learn the language. Even though they only speak their own language and don't realize how difficult it is to learn another, especially as an adult, they will appreciate you more.

Some television sets are able to have the words typed along the bottom of the screen as people are speaking. This is intended more to help people who can't hear, but it's used by many people who are learning the language. It goes very fast, but is a good way to practice, especially if you can read English better than you can understand the spoken word.

Any way you can learn and practice is good. It just has to be done all the time and in whatever way you have discovered works for you.

Clases de Inglés como Segunda Lengua (ESL)

Si su inglés no es muy bueno, usted debería tomar clases para aprender a leerlo y escribirlo. Tendrá una estadía más fácil en cualquier país si usted sabe el lenguaje. Es de especial importancia si está estableciendo su nuevo hogar ahí. Si trabaja y paga impuestos, firma documentos y hace compras mayores sin entender el lenguaje no podrá obtener todo lo que se merece y hasta podría ser estafado.

Otro veneficio es que hay más trabajos disponibles para quien hable Inglés u otra idioma.

Hay muchas maneras de aprender inglés en este país. Los niños pequeños lo obtendrán de sus compañeros y ellos están en la etapa más fácil. Los niños en la escuela aprenderán Inglés en su clase de ESL (English as a Second Language), que significa "Inglés como Segunda Lengua". Muchas personas que trabajan para compañías o fábricas grandes encuentran que se ofrecen clases de ESL como uno de los beneficios a los empleados. Todas estas clases son usualmente gratis.

Las escuelas que tienen educación de adultos nocturna ofrecen clases de ESL para personas en su comunidad y los colegios también ofrecen clases de ESL, usualmente en el día y en la noche. Estas escuelas usualmente cobran una pequeña matrícula.

Algunas organizaciones de servicios sociales como el YMCA, Salvation Army o Cruz Roja tienen clases de ESL o le pueden decir quién las ofrece. Muchas Iglesias tienen clases o le pueden dar información de quienes las imparten.

Hay muchos sitios en el Internet que tienen clases en línea con lecciones para recibirlas e imprimirlas usted mismo. Es buena idea tomar cursos en un salón de clases si usted puede, al menos como parte de su aprendizaje, porque puede hablar y escuchar a otros y aprender a pronunciar correctamente. Estas clases tienen a personas de diferentes países, todas juntas aprendiendo inglés.

No solo se asegura de obtener todo lo que tiene derecho por su capacidad de hablar en el lenguaje del país donde esta viviendo, sino que también tendrá más credibilidad con la gente que ha vivido allí toda su vida. Lo aceptarán y respetarán más si ven que ha hecho el esfuerzo de aprender el lenguaje. A pesar de que ellos solamente hablan su propia legua y no se dan cuenta lo difícil es aprender otra, especialmente los adultos lo apreciarán más.

Algunos televisores tienen la capacidad de tener palabras en la parte de abajo de la pantalla mientras la gente está hablando. Esto es con el propósito de ayudar a las personas que no pueden escuchar; pero también son usados para aprender lenguaje. Pasa muy rápido, pero es una buena manera de practicar, especialmente si puede leer Inglés mejor de lo que puede entender la palabra hablada.

Cualquier manera en que se pueda aprender y practicar es buena. Esto tiene que hacerlo todo el tiempo, en la forma que haya descubierto que funciona mejor para usted.

Be a Good Neighbor

There is an old saying "When in Rome, do as the Romans do", which simply means to do things the way the local people do them.

Many times when people move into a new neighborhood, they behave the way they did in their last neighborhood and it doesn't always please their new neighbors. When their last neighborhood was a different country, it might cause even bigger problems. When people from foreign countries move into a neighborhood in the U.S., negative comments are often made.

You can minimize conflicts with your neighbors by following a few simple rules. If you are the one with the neatest yard and quietest music, there won't be any complaints about you and maybe you will be setting a good example for some of them. They are not all the best neighbors either.

Most of the following suggestions were taken from a notice at a condo/townhouse/apartment complex and are good anywhere:

If you see trash around your neighborhood, pick it up and put it in the waste basket. Definitely keep your own yard clean.

If you have pets, get them licensed and keep them on a leash. When taking your pets for a walk, carry a trash bag to pick up their droppings.

If one of your cars is not working, and you aren't going to fix it – get rid of it. Check your lease or association agreement, working on the engine of a car in your driveway might not be allowed.

Don't play your music very loud. Remember, we don't all like the same music, especially early in the morning or late at night. You don't want a visit from the police telling you to turn down your music.

Find out if your neighborhood has an association. Ask them what you can do to be a good neighbor. Attend neighborhood meetings. If you don't speak the language very well yet, get someone who does to go with you. These meetings are a good place to meet your neighbors, too.

Apartments and many neighborhoods have limited parking spaces for visitors. Make sure you let your family and friends know where they can park. If parking spaces are assigned, only use your own space.

If you have a lawn, keep it neatly cut and use the mower during reasonable hours – not early in the morning before neighbors are awake.

Most apartment complexes have facilities for parties. Use them.

Clean up after you use the open spaces (swimming pool, picnic, playground) in your area. Don't leave your trash for others to pick up.

Be courteous to your neighbors. Do not block their cars in, even if you're only going in for a few seconds.

Tell your family and friends not to honk their horn when they come to pick you up for a function or work. Have them park the car and knock on the door or use their cell phone and call you.

Sea un Buen Vecino

Hay un dicho antiguo que dice: "Cuando esté en Roma haz lo que los Romanos hacen", lo que significa: haga las cosas de la manera que lo hace la gente local.

Muchas veces cuando la gente se muda a un nuevo vecindario se comporta de la misma manera que en su último vecindario. Esto no siempre complace a sus nuevos vecinos. Si su último vecindario era en un país diferente, esto puede causar problemas más graves. Cuando las personas de países extranjeros se mudan a un nuevo vecindario en los Estados Unidos, a menudo se hacen comentarios negativos.

Puede disminuir los conflictos con sus vecinos siguiendo unas pocas y sencillas reglas. Si usted es el que tiene la grama más nítida y la música más calmada, no habrá ninguna queja suya. Puede ser que sea puesto como un buen ejemplo para alguno de ellos, ya que no todos son los mejores vecinos.

Muchas de las siguientes sugerencias fueron tomadas de un aviso en un complejo de condominios y son buenas en cualquier lugar:

Si ve basura alrededor de su vecindario recójala y póngala en el cesto de la basura, definitivamente conserve su jardín limpio.

Si tiene mascotas obtenga la licencia y manténgalos con su correa. Cuando saque su animal a caminar, lleve una bolsa para recoger los deshechos.

Si alguno de sus vehículos no funciona y usted no lo va a componer, deshágase de él. Verifique en su contrato si quiere trabajar en el motor de un vehículo, puede que no esté permitido.

No escuche música a alto volumen. Recuerde que a todos no nos gusta la misma música, especialmente temprano en la mañana o tarde en la noche. Usted no quisiera que la policía lo visitara para pedirle que baje su música.

Averigüe si su vecindario tiene una asociación. Pregúnteles que puede hacer para ser un buen vecino. Atienda las reuniones del vecindario. Si todavía no habla la lengua muy bien, lleve consigo a alguien que sepa el idioma. Estas reuniones son un lugar bueno para conocer a sus vecinos también.

Los apartamentos y muchos vecindarios tienen espacios limitados en los estacionamientos para visitantes. Asegúrese de decirles a su familia y amigos donde pueden aparcar. Si los lugares están asignados, solamente use sus propios espacios.

Si tiene grama, consérvela nítidamente cortada y use el corta grama durante horas razonables, no temprano en la mañana antes que los vecinos se levanten.

Muchos complejos de apartamentos tienen facilidades para fiestas. Úselas.

Limpie después que use el espacio de la piscina, picnic y área de juegos. No deje la basura para que otros la recojan. Sea cortés con sus vecinos. No

you are having a party, tell your neighbors *and invite them*! It's a opportunity to meet them and for them to meet you. Chances are that they won't join you, but at least you asked and it lets them know that you will be making noise. Ask them to tell you if the noise is too loud and you will be quieter. You don't want them complaining to the police.

If there is any kind of severe weather, check on your neighbors. See if they have adequate heat, air conditioning, food, water – all the things that can be a problem if the electricity goes out or if there is flooding or snowstorms or something else out of the ordinary.

Tenants' Rights

Tenants have rights – regardless of what your landlord thinks. Many people who rent their house or apartment are afraid of their landlords because they think if they complain, they will be evicted, or the rent will be raised so high the next month they will be forced to move.

Each state has its own landlord-tenant laws and federal law prohibits discrimination in housing. The legal relationship between a landlord and a tenant is covered by both contract laws and property laws.

A lease, also called a rental agreement, is an agreement between a landlord and a tenant, which gives the tenant the right to occupy the property for a period of time. A lease can be an oral agreement or it can be in writing. Most states require that the lease is in writing if it extends beyond one year, but you should always get the lease and all other documents in writing because it will stop misunderstandings over terms of the agreement. Have someone translate it for you if you aren't sure what it says. Even if you are renting from a friend, get everything in writing.

There are many responsibilities listed in a lease, the most important is that the tenant is required to pay the landlord a certain amount of money (rent) each month. Tenants are also required to keep the property clean and

bloquee el paso de sus vehículos así sea por pocos segundos.

Dígale a su familia o amigos que no suenen la corneta cuando lo vengan a recoger, aunque sea para ir al trabajo. Haga que se estacionen y toquen a la puerta o que usen el celular para llamarlo.

¡Si tiene una fiesta, avíseles a sus vecinos e *invítelos*! Es una gran oportunidad para conocerlos y para que ellos lo conozcan. Hay una buena posibilidad de que no vengan, pero por lo menos usted los invitó y ellos sabrán que va hacer ruido. Pregúnteles si el ruido es muy alto para poder bajar el volumen. Usted no quisiera que ellos se quejen con la policía.

Si hay cualquier tipo de clima severo es buena idea verificar con sus vecinos. Vea si tienen calefacción adecuada, aire acondicionado, comida, agua y todo lo que pueda ocasionar problemas en caso de que se vaya la luz, haya inundaciones, tormenta de nieve o algún otro suceso fuera de lo común.

Derechos de los Inquilinos

Los inquilinos tienen derechos – a pesar de lo que su arrendador piense. Muchas personas que rentan su casa o apartamento tienen miedo de su arrendador porque piensan que si se quejan los van a desalojar o la renta será incrementada al siguiente mes para forzarlos a mudarse.

Cada estado tiene sus leyes con respecto al arrendador-inquilino y las Leyes Federales prohíben la discriminación en la vivienda. La relación legal entre el arrendador y el inquilino está cubierta por ambas leyes de contrato y propiedad.

Un contrato de arrendamiento, también llamado un acuerdo de renta, es un acuerdo entre un arrendador y un inquilino, el cual le da a éste el derecho de ocupar la propiedad por un período de tiempo. Un contrato puede ser verbal o por escrito. La mayoría de los estados requieren el contrato de arriendo sea por escrito si este se extiende por más de un año. Usted siempre debe obtener el contrato de renta y todos los otros documentos por escrito porque esto evita cualquier malentendido sobre los términos de los mismos. Consiga alguien que le haga una traducción si no esta seguro de lo que dicen. Aun si usted esta rentándole a un amigo, obtenga todo por escrito.

Hay muchas responsabilidades enumeradas en el contrato de arrendamiento, la más importante es que se requiere del inquilino que le

in good repair. At the end of the lease, use of the property must be returned to the landlord.

A major responsibility of the landlord is to keep the premises in livable condition and not to interfere with the tenant's use and enjoyment of the property.

Your agreement will tell the term of the lease (months, years), the rent amount and the day it's due, when rent can be raised, the amount of the security deposit and when you get it back, what happens if you don't pay the rent, if you can have pets, barbecue grills and other items, and other various duties and responsibilities for the tenant and landlord.

> *Don't be afraid of your landlord. You have many rights, especially if you are taking good care of the property.*

The security deposit is actually a "damage deposit" and equals one half to two month's rent. This deposit is to cover the cost for repairs to the apartment in excess of "normal wear and tear". Most states require that your deposit be returned to you within a specific period of time, usually 30 days after your lease has expired.

Normal wear and tear is a term that refers to things that are expected to take place while an apartment or house is occupied. Smudges on the walls and normal carpet wear in high-traffic areas are in this category and landlords usually can't charge you for these items. But if, for example, there are crayon markings all over the walls or large stains on the carpet, you will probably be charged for the repairs.

It is important that you inspect the property before you sign the lease. If you find any kind of damage, make sure you make and keep a list of these conditions. Give the landlord a copy of the list and be sure he agrees that you will not have to pay for them. If this damage is not listed, you might be charged for the repair when you move out.

As with any document, read the lease very carefully, understand it and keep it safe.

If any terms of the lease aren't met by either the landlord or the tenant, an attorney specializing in local landlord-tenant law should be contacted. Look in the Yellow Pages for an attorney, call some and ask them if they handle landlord-tenant disputes. You can also contact the American Bar Association at 312-988-5000 or www.abanet.org for help finding the right kind of attorney.

pague al arrendador un cierto monto de dinero (renta) cada mes. Se requiere de los inquilinos también mantener la propiedad limpia y en buen estado. Al final del contrato la propiedad debe ser desocupada.

Una gran responsabilidad del arrendador es mantener el lugar en condiciones habitables y que no interfiera al inquilino con el uso y disfrute de la propiedad.

Su acuerdo establecerá el término del contrato (meses o años), el monto de la renta y la fecha de pago, cuándo la renta puede ser incrementada, el monto del depósito y cuándo se lo regresarán, que pasa si no paga la renta, si puede tener mascotas, parrillas u otros artículos, entre varios deberes y responsabilidades del inquilino y el arrendador.

El depósito de seguridad es actualmente un "depósito de daños" y varía entre la mitad y dos meses de renta. Este depósito es para cubrir el costo de reparaciones de la vivienda que sea en exceso de "usos y daños normales". Muchos estados requieren que su depósito sea devuelto en un período específico de tiempo, usualmente 30 días después del vencimiento de su contrato.

> *No le tenga miedo a su arrendador. Usted tiene muchos derechos, especialmente si esta cuidando muy bien la propiedad.*

El uso y deterioro normal es un término que se refiere a lo que se espera que pase mientras un apartamento o casa está ocupada: paredes sucias y desgaste normal de las alfombras en áreas de alto transito son ejemplos y los arrendadores usualmente no pueden cobrar por ésto. Pero si, por ejemplo, hay marcas de pinturas por las paredes o manchas grandes en la alfombra, probablemente le cobrarán por las reparaciones.

Es importante que inspeccione la propiedad antes de firmar el contrato de arrendamiento. Si encuentra cualquier tipo de daño, asegúrese de hacer y conservar una lista de estas condiciones. Déle una copia de la lista al arrendador y asegúrese de que esté de acuerdo con usted y así no tendrá que pagar por esos daños. Si el daño no está en la lista, podrían cobrarle la reparación cuando se mude.

Como cualquier documento, lea el contrato muy cuidadosamente, entiéndalo y manténgalo en lugar seguro.

Si cualesquiera de los términos del contrato no son cumplidos, ya sea por el arrendador o por el inquilino, debería contactar a un abogado local especializado en leyes de renta. Busque en las páginas amarillas a un abogado, llámelo y pregúntele si se encargan de conflictos entre arrendadores e inquilinos. También puede contactar a la Asociación Americana de Bar al 312-988-5000 o visite su página red en www.abanet.org para ayuda en oncontrar el abogado adecuado.

Bank Accounts

You have many choices to manage your money. You can have your accounts at banks, savings and loan associations or credit unions. Ask them if they have literature printed in your language, many do.

There are many, very good reasons for opening a bank account. Having your money in a bank is much safer than keeping your cash at home or in your pocket or purse. Immigrants are robbed more often because thieves think there is a good chance they will have large amounts of cash on them. It is widely believed that many new immigrants don't use banks and the robbers believe it too.

A bank account isn't as expensive as buying money orders to pay your bills or paying a business to cash your paycheck. If you are sending money to family in your home country, a bank might be able to handle the transfers much faster and cheaper than the wire transfer companies that you use now. Some banks now have special accounts and cards set up to immediately transfer money to customers' relatives in another country.

A bank account could help you save money, too, because it is easier to spend money in your pocket than it is if you keep it in a bank and have to write a check or go there to get cash out. Having a bank account may make it easier to keep track of your money and how you spend it. You also may have to show you have a bank account to get some kinds of credit, which is another good reason to have a bank account.

Choosing a bank account is like choosing anything else. Many different accounts are available – with different features and benefits and different charges for those features. Because these costs and features vary greatly, it is important to shop around to make sure the account you choose is the best one for you.

Make sure your money is fully protected by depositing it in a federally insured institution. Most banks and savings institutions are federally insured, but a few aren't, so until you are sure of what to look for, it is a good idea to use a local bank or a large well known one.

Checking Accounts

Most people have a checking account. You deposit money into the account and you write checks to withdraw your money from the account. You can use checks to pay your bills, purchase products and services (but some businesses won't accept personal checks for purchases) and send money in the mail. You can also use checks to transfer money into

Cuentas Bancarias

Usted tiene muchas opciones para manejar su dinero. Puede tener sus cuentas en bancos, asociaciones de préstamos o cooperativas de crédito (del inglés "Credit Unions"). Pregúntele al banco si ofrecen literatura escrita en su lenguaje, muchos la tienen.

Hay buenas razones para abrir una cuenta bancaria. Es más seguro tener su dinero en el banco que mantenerlo en efectivo en la casa, bolsillo o cartera. Los inmigrantes suelen ser robados más a menudo porque los ladrones piensan que hay una buena posibilidad de que tengan grandes sumas en efectivo. Generalmente se asume que muchos inmigrantes recién llegados no usan los bancos y los ladrones también lo creen.

Los servicios de una cuenta bancaria no son tan costosos como comprar órdenes de dinero ("money orders") para pagar sus cuentas o pagarle a un negocio para que le cambie sus cheques. Si está enviando dinero a su familia en su país, un banco puede realizar la transferencia más rápido y más barato que las compañías que esté usando para hacer sus envíos. Algunos bancos ahora tienen cuentas especiales y tarjetas preparadas para transferir dinero de inmediato a familiares de los clientes en otros países.

Una cuenta de banco también le puede ayudar a ahorrar dinero, ya que es más fácil gastar el dinero que tiene en el bolsillo que el que mantiene en una cuenta, dado que tendrá que escribir un cheque o ir hasta el banco para retirarlo. Tener una cuenta bancaria le facilitará llevar un registro de su dinero y cómo lo gasta. También puede necesitar mostrar que tiene una cuenta bancaria para obtener algún tipo de crédito, la cual es otra buena razón para tener una cuenta bancaria.

Escoger una cuenta de banco es como escoger cualquier otro producto. Muchas cuentas ofrecen beneficios y características distintas y costos diferentes. Como estos costos y aspectos varían considerablemente, es muy importante revisar todas las opciones para asegurarse que la cuenta que escogió es la mejor para usted.

Verifique que su dinero esta completamente protegido depositándolo en una institución federal asegurada. Muchos bancos e instituciones de ahorro están asegurados federalmente pero algunos no, por lo tanto, hasta que esté seguro de lo que está buscando, es buena idea usar un banco local o uno bien conocido.

Cuentas Corrientes (Checking)

Muchas personas tienen cuentas corrientes. Usted deposita dinero en su cuenta y lo utiliza escribiendo un cheque. Puede usar cheques para pagar sus cuentas, comprar productos y servicios (aunque algunos negocios no aceptan cheques personales) y enviar el dinero por correo. También puede usar cheques para transferir dinero a cuentas en otros bancos. Tendrá acceso rápido, conveniente y frecuente a su dinero. Usualmente usted puede hacer

accounts at other banks. You have fast, convenient and frequent access to your money. Usually you can make deposits into the account as often as you choose. Most banks will let you withdraw or deposit money at an automated teller machine (ATM) and pay for purchases at stores with your ATM/debit card.

Some checking accounts pay interest, others don't, ask your bank if it pays interest. If it does, it will show up on your statement each month and you can see how much you got.

Banks might charge fees on checking accounts, besides a charge for the checks you order from them. Fees vary. Some charge a fee based on the lowest balance you have in your account any day in a month, others charge the fee regardless of the balance in your account. Some charge a fee for every transaction, such as each check you write or each withdrawal or each time you use an ATM. Many charge a combination of these fees and there are some with no fees if you keep a certain minimum balance or are a senior citizen.

A checking account that pays interest might seem better than one that doesn't, but it is important to look at fees for both types of accounts. Sometimes checking accounts that pay interest charge higher fees than they do for regular checking accounts, so you could end up paying more in fees than you earn in the interest they pay you. Get the fee schedule at the banks you are thinking about opening an account with and make sure you compare them and understand their charges.

Important: every time you write a check, make a deposit, withdraw cash from the ATM or pay for something with your ATM/debit card, be sure to write it in the check book register right away or you won't know how much money is in your account. (You'll get the register when you get your checks.) Fees are very high for a check that is written without having enough money in the account to cover it (called an overdraft). The common name for this is a "bounced check", as if it is made of rubber. Stores that receive a bad check from you will probably not accept one next time and very often they will charge you for the bounced check, too.

Many banks offer very basic accounts that give you a limited set of services for a low monthly charge. You might be limited in the number of checks you can write each month or the number of deposits and withdrawals you can make. Compare the accounts the banks offer you and decide which one fits your needs and gives you the best deal. If you get an account and discover it isn't right for you, talk to the manager and change to a different account.

Every month when you get your statement from the bank, spend some time to make sure the figures in your check book match the ones in the statement. If you think the bank has made a mistake, ask them about it, but

depósitos a su cuenta con la frecuencia que desee. Casi todos los bancos le dejarán sacar o depositar dinero desde un cajero automático (ATM) y pagar las compras en las tiendas con su tarjeta de ATM o débito.

Algunas cuentas corrientes pagan interés, otras no. Pregúntele a su banco si la suya pagará intereses. Si lo hace, usted lo verá en su resumen bancario cada mes y determinar cuánto fue el incremento.

Los bancos pueden cobrar gastos por la cuenta corriente además del costo de los cheques que ordene. Los cargos varían. Algunos cobran cargos si un día del mes el saldo no llega al mínimo, otros lo cobran no importa el saldo de su cuenta. Algunos cobran sobrecargos por cada transacción, como los cheques que escriba, cada retiro o uso del ATM. Muchos cobran una combinación de estos cargos y hay algunos que no lo hacen si mantienen cierto balance o si es una persona mayor.

Una cuenta corriente que paga interés parece mejor que la que no paga, pero es importante mirar las tarifas de los dos tipos de cuenta. Algunas veces las cuentas corrientes que pagan interés cobran cargos más altos que las cuentas corrientes regulares, por lo tanto puede terminar pagando más en los sobrecargos que lo que gana en los intereses. Obtenga la información de los cargos de los bancos donde está pensando abrir una cuenta y asegúrese de comparar y entenderlos.

Importante: Cada vez que escriba un cheque, haga un depósito, retire efectivo del ATM o pague por algo con su tarjeta de ATM/débito, asegúrese de registrarlo en ese momento en el libro de su chequera o no sabrá cuánto dinero tiene en su cuenta  (obtendrá el libro de registro cuando reciba sus cheques). Los cargos por cheques sin fondos son muy altos y se llaman overdraft. El nombre común para esto es un "cheque rebotado" (bounced checks) como si estuviesen hechos de goma. Las tiendas que hayan recibido un cheque suyo que rebotó probablemente no aceptarán otro la próxima vez y, muy frecuentemente, le cobrarán también un cargo por el cheque que su banco no pagó.

Muchos bancos ofrecen cuentas básicas en las que le dan un paquete limitado de servicios por un bajo costo mensual. Puede estar limitado en el número de cheques que puede escribir cada mes o el número de depósitos y retiros que pueda hacer. Compare las ofertas de los bancos y decida cuál se ajusta a sus necesidades y le ofrece las mejores condiciones. Si obtiene una cuenta y descubre que no es la correcta, hable con el gerente y cámbiese a una cuenta diferente.

Cada mes, cuando reciba el resumen de su banco, dedique un tiempo para asegurarse que las cifras en su libro de control de cheques concuerden

usually you are the one who has made the mistake. Use a calculator and subtract every withdrawal and fee and add every deposit and interest payment, be sure your figures match the statement.

Savings Accounts

Most banks offer more than one type of savings account, usually passbook savings and statement savings. With a passbook savings account you get a record book and the bank prints your deposits and withdrawals in it. You have to show the record book each time you make deposits and withdrawals. With a statement savings account, you get a receipt for each transaction and the bank mails you a statement that shows your withdrawals and deposits for the month.

With savings accounts, when you make withdrawals, you use withdrawal slips in the bank, you don't write checks. The number of withdrawals or transfers you can make on the account each month, without additional charge, is sometimes limited.

There are various fees on savings accounts, too, ask the bank for the fee schedule and have someone there explain it to you.

Certificates of Deposit (CD)

Certificates of deposit or CDs usually offer a guaranteed rate of interest for a specific term, such as six months or a year. CDs allow you to choose the length of time that your money is on deposit: terms can range from several days to several years. Once you have chosen the term, you have to keep your money in the account until the term ends (maturity). Some financial institutions allow you to withdraw the interest you earn even though you can't take out any of your original deposit (the principal).

Because you have agreed to leave your money in the CD for the term, the bank pays a higher rate of interest than it would for a savings account. The longer the term, the higher the annual percentage of interest you will earn.

Sometimes you'll be allowed to withdraw the principal before maturity, but a large penalty is almost always charged. The penalty might be larger than the amount of interest you earned, so you could actually lose some money. Don't take your money out of a CD before maturity unless it is for an emergency.

You will be notified before the maturity date for most CDs. They often renew automatically, so if you don't tell the institution just before maturity that you want to take your money out, the CD will roll over (continue) for another term and you will have a large penalty if you take it out before *that* term is over.

There are also Money Market Accounts for savings, these get a higher

con el listado del banco. Si usted piensa que el banco cometió un error, pregúnteles, pero usualmente es usted quién ha cometido el error. Use la calculadora y reste cada retiro y cargo. Luego sume cada depósito y pago de interés hasta asegurarse que sus cifras son iguales a las del resumen del banco.

Cuentas de Ahorro (Savings)

Muchos bancos ofrecen más de un tipo de cuentas de ahorro, usualmente son la cuenta de ahorro con libreta y la cuenta de ahorro con resumen. En una cuenta de ahorro con libreta, el banco le da una libreta de registro en la cual se imprimen sus depósitos y retiros. Debe mostrar su liberta cada vez que haga una transacción. En la cuenta de ahorro con resumen se obtiene un recibo por cada transacción y el banco le envía su estado de cuenta donde muestra los depósitos y retiros del mes.

Cuando haga un retiro en las cuentas de ahorro use un comprobante de retiro bancario, no escriba cheques. El número de retiros o transferencias que puede hacer en la cuenta cada mes sin cargos adicionales es a veces limitado.

También hay varios cargos en las cuentas de ahorro. Consúltel al banco por los cargos establecidos y solicite explicación de cada uno.

Certificados de Depósitos a Plazo Fijo (CD)

Los CD o Certificados de Depósitos a Plazo Fijo (en inglés Certificate of Deposit) usualmente ofrecen una tasa de interés garantizada por un período específico, que va de los seis meses a un año. Los CD le permiten escoger el período de tiempo durante el cual su dinero permanecerá depositado. El plazo de tiempo puede fijarse desde varios días hasta varios años. Una vez que se definen los términos, debe mantener su dinero en la cuenta hasta que el período termine (el vencimiento). Algunas instituciones financieras permiten que retire el interés obtenido a pesar de que no pueda retirar su depósito original (el capital).

Cuando usted ha acordado dejar su dinero en el CD durante un período de tiempo, el banco le pagará una tasa de interés más alta que la que obtendría en una cuenta de ahorros. Mientras más largo sea el período, más alta será la tasa de interés que obtendrá.

Algunas veces se le permitirá retirar el capital antes del vencimiento del período, pero casi siempre se penaliza con un alto costo. La penalización suele ser mayor que el monto del interés ganado, es decir que puede perder algo de dinero. No retire el capital depositado en un CD antes del vencimiento, a menos que sea una emergencia.

En la mayoría de los CD se le avisa al cliente con anticipación la fecha de su vencimiento. A menudo se renuevan automáticamente, por lo que si no se le informa a la institución antes del vencimiento que se desea retirar el dinero, el CD continuará renovándose por otro período y usted tendrá una alta penalización si lo retira antes de que ese *otro* período finalice.

También hay cuentas de ahorro llamadas "Money Market". Éstas ofrecen

rate of interest and can be accessed easier than CDs but not as easy as a checking account. Ask your bank about these accounts.

Credit Union Accounts

Credit unions offer accounts that are similar to accounts at other banks, but they use different names. Credit union members have "share draft" accounts (checking), "share" accounts (savings), and "share certificate" accounts (certificate of deposit). Large companies or labor unions often offer membership in a credit union to their members.

What Type of Account is Best?

Choosing the best account for you will depend on how you plan to use the account. If you have a fairly large amount of money that you don't need for several months or longer, a CD will earn higher interest for you. Don't put your money into a CD unless you are very sure it can remain there for the full term you choose.

If you need frequent access to your money, savings or checking accounts would be better. A checking account is probably best if you plan to write several checks each month to pay bills. Even if you don't write many checks each month, it is good to have a checking account for the times you do have to write a check. Then you could also have a savings account so you will earn some interest on the money there.

Remember, account features and fees vary in different banks. If you have questions, you should ask a bank representative about any account features and fees *before* you open an account. Be sure you understand the answers. Once you have an account at a bank, you can certainly close the account and change your money to another bank, but it is better to find a bank that you will be happy staying with for a while. A better alternative would be to change later to a better account in the same bank.

The law requires banks to provide you with the important terms of their consumer accounts. Institutions are required to tell you: the annual percentage yield and interest rate, fees that might be charged, and information about other features such as ways to avoid additional fees and any minimum balance amount required to earn interest.

You should be given this information before you actually open an account. Remember, if you ask for it, the bank *must* give you information about any consumer deposit account the institution offers. Interest and fee information is printed on any statements sent to you, look at your statement each time you receive it.

So do your homework and ask questions before you decide on a bank and open an account. Some questions to ask might be:

How many checks can I write each month? Is there a charge for

una tasa de interés más alta y pueden obtenerse con más facilidad que los CD, pero no es tan simple como una cuenta corriente. Consulte a su banco sobre estas cuentas.

Cuentas Cooperativas de Crédito (Credit Union)

Las Cooperativas de Crédito ofrecen cuentas que son similares a las de otros bancos, pero usando nombres diferentes. Los miembros de las cooperativas de crédito "comparten giros" en cuentas corrientes, "comparten" cuentas de ahorro, y "comparten certificados" en cuentas de certificados de depósito a plazo fijo. Las compañías grandes o sindicatos a menudo ofrecen participación en las Cooperativas de Crédito a sus miembros.

¿Qué Tipo de Cuenta es la Mejor?

Seleccionar la mejor cuenta para usted dependerá de como planee usar la misma. Si tiene una suma de dinero bastante grande que no necesite por varios meses, en un depósito a plazo fijo (CD) obtendrá un interés más alto. No ponga dinero en un CD a menos que esté seguro de que el dinero pueda permanecer por el término completo que escogió.

Si necesita acceso frecuente a su dinero, las cuentas de ahorro o corrientes serían mejor. Una cuenta corriente es probablemente la mejor opción si planea escribir varios cheques cada mes para pagar sus cuentas. Aunque no escriba muchos cheques cada mes es bueno tener una cuenta corriente para esas ocasiones en que tenga que escribir uno. También puede tener una cuenta de ahorros para obtener interés sobre ese dinero.

Recuerde que los estados de cuenta y cargos varían en diferentes bancos. Si tiene dudas deberá consultar al representante del banco acerca de los beneficios y los cargos *antes* de abrir una cuenta. Asegúrese de entender las respuestas. Una vez que tenga una cuenta en el banco, usted puede cancelar la cuenta y cambiar su dinero a otro banco, pero es mejor encontrar un banco con el que permanezca contento por un luengo período de tiempo. Una mejor alternativa sería cambiarse a una cuenta mejor en el mismo banco.

La ley requiere que los bancos provean a sus consumidores con los términos importantes de sus cuentas. A las instituciones se les requiere que informen: el porcentaje anual, el tipo de interés, los cargos que pueden ser cobrados e información acerca de otros beneficios, ya sean las formas de evitar cargos adicionales o cualquier saldo mínimo o monto requerido para obtener interés.

Los bancos le deberán dar esta información antes de que abra su cuenta. Recuerde: si pregunta, el banco *está obligado* a darle toda la información acerca de las cuentas que ofrecen. La tasa de interés e información de cargos está publicada en los resúmenes de cuenta que le envían. Revíselo cada vez que los reciba.

Haga su tarea y pregunte antes de decidir abrir una cuenta en un banco. Algunas de las preguntas que puede hacer son:

writing checks? How much does it cost to order blank checks?

Is there a limit on the withdrawals I can make in a month?

Will I earn interest? What is the interest rate?

Does the bank pay different rates of interest depending on the amount of my account balance? What is the minimum balance required before I begin earning interest?

What are the fees and charges? What are the fees for a bounced check?

Can I use ATMs to make deposits and withdrawals and is there a charge for this service? Is there a charge if I use an ATM owned by another bank?

Will the fees be lower if I have more than one account in this bank or if I have paychecks deposited automatically?

It might sound confusing, but the answers to all these questions and many more are on the printed fee schedules they have and will give you. Compare the different banks and decide which one is best for you. Banks want your business and will answer your questions and give you their fee schedules.

ATM & Debit Cards

For many accounts, banks will issue you a debit card. It will look like a credit card, and will even have a credit card logo on it, but it is for use in an Automated Teller Machine (ATM) and lets you have 24 hour access to money in your account. One debit card can cover several accounts at the bank. You can also use your debit card for purchases in many stores.

When you use a debit card, money comes directly and *immediately* out of your account. ATM withdrawals and purchases are listed on your monthly statement so you can keep track of your spending. Be sure to write the amount you just spent in your checkbook register or you might not have enough money in your account when you write the next check or use the ATM card. And you would also be charged for an overdraft.

The ATM or debit cards do not give credit. They also do not help you build a credit record.

Your bank will give you a personal identification number (PIN) to use with your card, which is the same thing as a password to access your account. With your card and PIN, you can withdraw cash, make deposits or transfer money between accounts. You can also pay for purchases in stores with most cards. You can usually change the PIN to a number you like better. Don't pick a PIN that anyone could guess if they want to use your card. Don't use your birthday, your address, your license number or another easy one that people can guess. Never write the PIN on the card or on a slip of paper kept with your card. It is a secret number: no one can

¿Cuántos cheques puedo escribir cada mes?

¿Hay algún cargo por escribir cheques? ¿Cuánto cuesta ordenar cheques en blanco?

¿Hay un límite en los retiros que puedo hacer en un mes?

¿Obtendré interés? ¿Cuál es la tasa de interés?

¿Paga el banco diferentes tasas de interés dependiendo del saldo de mi cuenta? ¿Cuál es el saldo mínimo requerido antes de que comience a ganar interés?

¿Cuáles son las tarifas y cargos? ¿Cuáles son las tarifas por un cheque rebotado?

¿Puedo usar ATMs (cajeros) para depósitos y retiros? ¿Hay un cargo por este servicio? ¿Hay cargo si uso el cajero (ATM) de otro banco?

¿Serán los cargos más bajos si tengo más de una cuenta en este banco o si tengo mis cheques de salario depositados automáticamente?

Puede parecer confuso, pero las respuestas a todas estas preguntas y muchas más están escritas en la lista de tarifas que ellos tienen y que le darán. Compare varios bancos y decida cuál es mejor para usted. Los bancos quieren tenerlo como cliente, responderán a sus preguntas y le darán sus listas de tarifas.

Cajeros Automáticos (ATM) o Tarjetas de Débito

Con muchas cuentas los bancos le emitirán una tarjeta de débito. Es similar y tendrá el logotipo de una tarjeta de crédito, pero es para usarse en un cajero automático (ATM), permitiendo tener acceso las 24 horas a su cuenta. Una tarjeta de débito puede incluir varias cuentas en un mismo banco. También puede usar su tarjeta de débito en la mayoría de las tiendas.

Cuando use una tarjeta de débito el dinero sale *inmediatamente* de la cuenta. Los retiros del cajero (ATM) y las compras las encontrará en el listado de su resumen de cuenta mensual para que pueda mantener el registro de sus gastos. Asegúrese de escribir el monto que gastó en el libro de su chequera para saber con cuánto dinero cuenta cuando haga el próximo cheque o use el cajero (ATM). También se le cobrará por sobregiro.

El cajero (ATM) o las tarjetas de débito no le dan crédito, tampoco ayudan a obtener una historia de crédito.

Su banco le dará un número de identificación personal "PIN" que en inglés significa Personal Identificación Number para que use su tarjeta, que es lo mismo que una clave para ingresar a su cuenta. Puede hacer retiros, depósitos o transferencias de dinero entre cuentas con su tarjeta y PIN. Con casi todas las tarjetas puede pagar las compras en las tiendas. Puede cambiar él número del PIN a uno que prefiera. No escoja un PIN que cualquiera pueda adivinar en caso de que quieran usar su tarjeta. No use su fecha de cumpleaños, su dirección, su número de licencia o cualquier otro dato fácil que cualquiera pueda adivinar. Nunca escriba el PIN en la tarjeta, ni mantenga un pedazo de papel con éste junto a la misma. Es un número secreto: nadie

get your money with the card unless they also know the PIN.

Take your ATM receipt after completing a transaction, this will help you remember the amount so you can write it in your checkbook. It will also serve as proof if there are discrepancies in your bank statement.

When you withdraw cash, some ATMs charge a fee if you are not at a machine they own. ATMs must disclose the fee on the terminal screen or on a sign next to the screen. That amount will be deducted from your account, too. Read the instructions on the screen as you use the ATM.

> *Remember: keep your PIN secret. No one can use your ATM card unless they know the PIN too.*

Report a lost or stolen ATM/debit card to the bank *immediately*. If you report an ATM card missing before it is used without your permission, you are not responsible for any unauthorized withdrawals. Federal laws limit your liability to $50 if you report the loss within two business days after you discover your card is missing, and to $500 if you report the loss between two and 60 days. Under federal law you could lose all the money in your bank account if you fail to report an unauthorized transfer or withdrawal within 60 days after your bank statement is mailed to you. This is another reason to check your statements as they come in each month.

However, most banks limit your liability to zero if you report the loss within two business days, and to $50 if you report it more than two business days after realizing your card is missing. Keep track of your ATM card and report it if it is lost. You are not responsible for funds withdrawn after you notify the bank that the ATM card is lost or stolen. They can issue you a new card with a new PIN number.

When you use a debit card for purchases, these purchases will be shown on your monthly statement for your bank account. Keep your receipts and if there is an error on your account, contact your bank. When you use an electronic funds transfer, federal law does not give you the right to stop payment. It is up to you to solve the problem with the seller. So if you think a mistake has been made, ask about it right away.

Tips to Limit Fees

There are ways to limit the bank fees you pay:

Banks want their customers to do all of their banking with them, so if you have more than one account at the bank, ask if you qualify for no-fee or low-fee offers. Ask if your accounts can be combined so you can meet any minimum balance requirement they have.

If you don't need your canceled checks back each month, you might get a better rate. They keep a copy of each check for you.

puede quitarle su dinero si obtienen su tarjeta a menos que también obtengan el PIN.

Tome su recibo del cajero (ATM) después de completar su transacción. Esto lo ayudará a recordar el monto para que lo escriba en la chequera. También le servirá como prueba en caso de un error en su resumen de cuenta.

Cuando retire efectivo algunos cajeros (ATM) cobran cargos si no usa la máquina de su banco. Los cajeros (ATM) deben informar el cargo en la pantalla o en un aviso en el frente de la máquina. Ese monto también será descontado de su cuenta. Lea las instrucciones en la pantalla cuando use el cajero (ATM).

Informe al banco *inmediatamente* si su tarjeta está perdida o robada. Si reporta la tarjeta de débito como perdida antes de que la usen sin su permiso, usted no será responsable por los retiros sin autorización. Las leyes federales limitan su responsabilidad a $50.00 si reporta la pérdida dentro de dos días hábiles después de descubrir que su tarjeta esta desaparecida y a $500 si reporta la pérdida entre 2 y 60 días. Bajo la ley federal puede perder todo el dinero en su cuenta bancaria si no reporta una transferencia o retiro sin autorización en

> *Recuerde: Mantenga su clave (PIN) en secreto. Nadie puede usar tu tarjeta a menos que ellos sepan su (PIN) también.*

el período de 60 días desde que recibe su resumen de cuenta por correo. Esta es otra razón para que revise su resumen de cuenta cuando llegue cada mes.

Sin embargo muchos bancos limitan la responsabilidad a cero si reporta la pérdida dentro de los dos días hábiles después de que se dé cuenta que su tarjeta está perdida. Mantenga registros de su tarjeta de ATM y repórtela si la extravía. Usted no es responsable por los fondos retirados después que le notifique al banco que la tarjeta de ATM está perdida o robada. Ellos pueden darle una tarjeta nueva y un nuevo numero de PIN.

Cuando use una tarjeta de débito para compras, las mismas figurarán en el resumen de cuenta mensual de su banco. Conserve sus recibos y, si hay un error en su cuenta, contacte a su banco. Cuando haga transferencias bancarias las leyes federales no le dan derecho a cancelar el pago. Depende de usted resolver el problema con la institución que hace la transferencia. Por lo tanto, si piensa que se ha cometido un error, pregunte inmediatamente.

Consejos para Reducir Gastos

Hay formas de limitar los gastos del banco:

Los bancos quieren que todos sus clientes hagan las transacciones bancarias con ellos. Por lo tanto si tiene más de una cuenta en el banco, pregunte si califica para ofertas tarifas reducidas o cuentas gratis. Pregunte si sus cuentas pueden ser combinadas y así usted podrá tener el saldo mínimo requerido por ellos.

Si no necesita los cheques cancelados de vuelta cada mes, le pueden dar

If you don't write many checks each month, ask if the bank has a "basic" banking account, which might have a lower fee. But ask about the costs of switching any accounts before you do that.

If you arrange for "direct deposit" of your paycheck (your employer deposits your pay directly in your bank), you might get a lower fee. Because the direct deposit is done *on payday* and sometimes even the day before, having funds automatically deposited into your account also might avoid bounced checks.

Ask if there are special rates if you always keep a certain minimum amount in your account or do a lot of your banking through ATMs or at home by computer.

Use your own bank's ATMs or those owned by institutions that don't charge fees to non-customers to limit or avoid surcharges at the ATM. If you do pay a fee, think about withdrawing larger amounts each time to cut down on the number of transactions. Often you can take some extra cash out of your account when you pay for groceries or other items with your debit card and there is rarely any charge to do that.

Balance your checkbook every month so you don't bounce checks.

Ask about "overdraft" protection, this is a service where the bank will automatically honor (for a short time) a check you write even if you don't have enough money in the account.

Buy checks from less expensive sources, like mail-order companies, instead of through the bank. If you write a lot of checks each month, the savings could be worth it to you.

Some Ways to Get Better Rates

Talk to a representative at your bank every year or two, to make sure you're signed up for the best programs for you. There might even be an account that you didn't know about or didn't qualify for before. Sometimes you can make minor changes to your banking practices and get a higher interest rate or lower fees. Often if you have a good record at the bank you can qualify for a lower interest rate on a loan or credit card.

You can have your bank automatically withdraw money from your accounts and make some of your regular payments, such as your mortgage, health insurance premiums or utility bills. That can be an easy alternative to writing and mailing a lot of checks each month and the payments are always on time. But don't forget to write all those automatic payments in your checkbook register each month. Banking from home, by phone or computer, also can be a time-saver.

Every few years (or more often), comparison-shop to see if you could do better at another bank. Start by listing the products and services you really use; checking, ATM, savings, etc, and the interest rates and fees you

un mejor costo y ellos se quedan con las copias de cada cheque.

Si no escribe muchos cheques cada mes, pregunte si el banco tiene una cuenta bancaria "básica", la cual puede tener una tarifa más baja. Pero pregunte cuál es el costo para cambiarse de cuenta antes de hacerlo.

Si hace arreglos para "depósito directo" de sus cheques de salario (su empleador deposita el pago directamente en su banco), puede obtener una tarifa más baja. Ya que el depósito directo es hecho *en el día de pago* y a veces hasta un día antes, le da la ventaja de tener fondos automáticamente en su cuenta, lo cual puede prevenir cheques rebotados.

Pregunte si hay precios especiales si siempre mantiene cierto monto mínimo en su cuenta, haga todas sus transacciones de banco a través del cajero (ATM) o en su casa desde la computadora.

Use el cajero (ATM) de su banco o de las instituciones que no cobran tarifas por no pertenecer, para evitar los cargos del cajero (ATM). Si usted tiene que pagar una tarifa, asegúrese de retirar cada vez montos elevados para reducir el número de transacciones. A veces puede retirar dinero extra de su cuenta cuando paga por alimentos u otros artículos con su tarjeta de débito, ya que muy raramente hay cargos por hacerlo.

Verifique los saldos de sus cuentas cada mes para que no le reboten los cheques.

Consulte acerca de la protección por "sobregiros". Este es un servicio donde el banco automáticamente le cubre durante un corto tiempo por un cheque que usted haya emitido aún cuando no tenga fondos en su cuenta.

Compre los cheques a proveedores menos costosos, como las compañías que venden cheques por correo en vez de ordenar al banco. Si usted escribe muchos cheques cada mes el ahorro puede resultarle de gran beneficio.

Formas de Obtener Mejores Tarifas

Hable con el representante de su banco cada uno o dos años para asegurarse de que tiene el mejor programa para usted. Podría haber una cuenta de la cual no estaba enterado o que no calificaba anteriormente. Algunas veces puede hacer cambios menores en sus transacciones bancarias y obtener altas tasas de interés o bajas tarifas. A veces si tiene un buen historial en el banco puede calificar para un interés más bajo en un préstamo o tarjeta de crédito.

Puede hacer que su banco retire dinero de su cuenta automáticamente y pague algunos de sus pagos regulares, como los de su hipoteca, seguro de salud o servicios públicos. Esta puede ser una alternativa más fácil en vez de escribir y enviar por correo muchos cheques cada mes, además los pagos siempre estarán a tiempo. No se le olvide escribir todos esos pagos automáticos en su chequera cada mes. Las operaciones bancarias desde su hogar, por teléfono o computadora, también pueden ser un ahorro de tiempo.

Cada pocos años (o más a menudo) compare y busque si le puede ir mejor en otro banco. Comience con una lista de los productos y servicios que

pay. Now compare your bank with others in your area. You might discover that you can earn or save a lot of money by using another bank. The best discovery would be that your own bank still offers the best deal. If you do find a slightly better deal at another bank, your bank might be willing to make concessions to keep you as a customer. Then you won't have to go through the trouble of switching banks.

Avoid Problems

Read the fine print. If an account is advertised as "no cost", it does not mean you will never incur a cost. An institution can't advertise a "free" checking account if they sometimes charge a maintenance or activity fee, but a bank can offer a free account and still have charges for printing checks, using ATMs and bounced checks. Also, a special interest rate on a credit card or a deposit is often just a short-term, introductory rate. If you don't understand all the written information they give you, ask someone to explain it to you.

Keep good records. Always keep your receipts for deposits, ATM withdrawals, credit card charges and other transactions at least long enough to check that your bank book agrees with the monthly bank statements. It's okay to throw them away later, but be sure to rip them up or put them in a shredder so that a thief can't use them. Be sure to keep copies of any contracts or other documents you sign with the bank (loan, CD, etc.), along with any other literature they give you. If there is ever a problem, you'll need those documents as proof.

A good banker can be an excellent source of advice and information if you want to start or expand a business, buy a car or home, qualify for a loan or solve a debt problem. The banker also might be able to give you the names of good contacts in other businesses (CPA, attorney) that could help you.

Your bank also might have a customer newsletter and probably has a website to help you handle your finances. Some banks offer seminars on saving for a child's college education, your retirement or other subjects. Ask your bank if they offer seminars, they are probably mentioned in the literature with your monthly statement.

Everything you learn about your rights and responsibilities as a consumer can help you avoid extra charges and misunderstandings and get any problems taken care of quickly.

usted realmente necesita: cuenta corriente, cajero (ATM), cuenta de ahorro, etc., la tasa de interés y tarifas que usted paga. Despues compare su banco con otro banco en su área. Usted puede darse cuenta que ahorrará bastante dinero si usa otro banco. El mejor descubrimiento sería que su banco todavía tiene la mejor oferta. Si consigue una oferta un poco mejor en otro banco, puede que su banco esté dispuesto a hacer cambios para conservarlo como cliente. Entonces no tendrá el problema de pasarse a otro banco.

Evite Problemas

Lea las notas escritas en letras pequeñas. Si una cuenta está promocionada "sin costo" esto no significa que nunca tendrá un costo. Una institución no puede promocionar una cuenta corriente "gratis" si algunas veces cobran una tarifa de mantenimiento o actividad, pero un banco puede ofrecer una cuenta gratis y todavía tener cargos por imprimir cheques, usar el cajero (ATM) y los cheques rebotados. También la tasa de interés de una tarjeta de crédito es, a menudo, por un corto tiempo o una tasa inicial. Si no entiende toda la información escrita que ellos le dan pídale a alguien que le explique.

Mantenga buenos registros. Siempre conserve sus recibos de depósitos, retiros del cajero (ATM), cargos de tarjetas de crédito y otras transacciones por lo menos por suficiente tiempo como para revisar si su chequera concuerda con los resúmenes de cuenta mensuales. Está bien si los bota después, pero asegúrese de romperlos o ponerlos en un triturador de papel para que un ladrón no los pueda usar. Asegúrese de conservar copias de cualquier contrato o documento que le firme al banco (préstamo, certificado de depósito "CD", etc.), acompañados de cualquier información adicional que le den. Si alguna vez hay un problema, usted necesitará esos documentos como prueba.

Un buen banquero puede ser un excelente recurso para obtener consejos e información si quiere comenzar o expandir un negocio, comprar un vehículo o casa, calificar para un préstamo o resolver el problema de una deuda. El banquero también podría ser capaz de darle los nombres de buenos contactos en otros negocios como un contador o abogado que podrían ayudarlo.

Su banco también podría tener un boletín informativo para los clientes y probablemente tenga una página de Internet para ayudarlo a manejar sus finanzas. Algunos bancos ofrecen talleres de ahorros para la educación de su niño, su jubilación u otros temas. Pregúntele a su banco si ofrece estos talleres, probablemente están mencionados en la información anexa a su estado de cuenta mensual.

Todo lo que aprenda acerca de sus derechos y responsabilidades como consumidor puede ayudarlo a evitar cargos extras o malentendidos y solucionar cualquier problema rápidamente.

If You Have a Problem

Don't be afraid to complain. Bank employees and managers don't enjoy hearing from unhappy customers, but they want you to take problems to them. They want the chance to fix them instead of you changing banks or telling all your friends about "that terrible bank". If you don't get the solution to the problem from a customer service representative, ask to talk with the manager. If you still have problems, you can contact the federal agency listed at the end of this section.

Ask the manager for a break if you have a problem. If you have been a good customer and don't have a history of bounced checks or other problems, your bank might be willing to reduce or waive a fee or penalty. You should talk to your banker if you are having problems repaying a bank loan. Explain the situation and any unusual circumstances (illness, job loss, etc.). The banker might agree to temporary or permanent reductions in your loan interest rate, monthly payments or charges. But remember, they are more willing to do this if you have had a clean record in the past.

Read your monthly statements when they arrive. Your bank statements, credit card bills and other mail from your bank probably aren't very exciting, but they might be the most important thing you will read some months. Notices of new fees or penalties for certain accounts will be in the envelope and it might be your only notice. If you don't know about these changes, and you don't notice the higher fees on your next monthly statements, you could end up paying more for your banking and not even realize it. You could even bounce a check.

An important reason to review your bank statement as soon as possible after it arrives is to make sure there are no unauthorized charges. If you suspect that a criminal has used one of your checks or your debit card, call the bank *immediately*. Under most state laws, you are required to exercise "reasonable promptness" in checking any bank statement that shows payments from your account.

What If You Want to Change Banks?

If you're moving, getting married, or unhappy with your current bank, you might decide to change banks. The change to a new bank will go much smoother if you do some things before you change:

Balance your checkbook and make sure all checks you wrote have come back in before you close your account. If your statement isn't due yet, ask for an updated one. Make sure you and the bank agree on how much money is in the account. If you don't do this, you could get charged fees for checks that bounce after you close the account. And you will also have unhappy people who tried to cash those checks and couldn't.

If possible, open an account at your new bank before you leave your old bank. You will have your new checks, can make ATM withdrawals and

Si Tiene un Problema

No tenga miedo de quejarse. Los empleados y gerentes del banco no disfrutan escuchando acerca de clientes insatisfechos, pero quieren que les mencionen sus problemas. Quieren que les den la oportunidad de arreglarlo en vez de que se cambien de banco o que les diga a todos sus amigos acerca de "este terrible banco". Si el representante de servicios al cliente no le soluciona el problema, pida hablar con el gerente. Si todavía tiene problemas, puede contactar a la agencia federal en el listado al final de esta sección.

Pídale al gerente que le ayude si tiene un problema. Si ha sido un buen cliente y no tiene historia de cheques rebotados u otros problemas, su banco podría estar dispuesto a reducir o eliminar los cargos o penalidades. Deberá hablar con su banquero si está teniendo problemas pagando un préstamo. Explique la situación por cualquier hecho inusual como enfermedades, pérdida de trabajo, etc. el banquero podría acordar a una reducción temporaria o permanente en la tasa de interés de su préstamo, pagos mensuales o cargos. Pero recuerde, ellos están más disponibles a hacer esto si ha tenido un historial limpio en el pasado.

Lea su resumen de cuenta mensual cuando lo reciba. Su resumen de cuenta, deudas de tarjetas de crédito y todo otro correo que su banco envíe probablemente no sean muy agradables, pero podría ser lo más importante que leerá algunos meses. La información acerca de tarifas nuevas o penalidades en ciertas cuentas está en el sobre y podría ser su único aviso. Si no es ciente de estos cambios y no nota las tarifas más altas en los estados de cuenta mensuales, podría terminar pagando más por su cuenta bancaria y ni siquiera se dará cuenta de ello. Hasta podría rebotar un cheque.

Una razón importante para revisar su resumen de cuenta bancaria lo más pronto posible después de recibirlo es para asegurarse de que no haya cargos sin autorización. Si sospecha que un criminal ha usado uno de sus cheques o su tarjeta de débito, llame al banco *inmediatamente*. Bajo las leyes de la mayoría de los estados se requiere que ejecute con "rapidez razonable" una verificación del resumen de cuenta bancaria que recibe.

¿Que Hacer si Quiere Cambiar de Banco?

Si sé está mudando, contrayendo matrimonio o no esta contento con su banco actual, podría decidir cambiar de banco. El cambio a otro banco se hará más sencillo si hace lo siguiente antes de cambiarse:

Concilie su chequera y asegúrese de que todos los cheques que escribió se hayan pagado antes de cerrar su cuenta. Si todavía no le toca su resumen de cuenta, pida un balance detallado actualizado. Asegúrese de que' esté de acuerdo con el banco sobre cuánto dinero tiene en la cuenta. Si no hace esto le podrían cobrar gastos por los cheques y rebotarlos.

Si es posible abra una cuenta en su nuevo banco antes de dejar el anterior. Tendrá sus nuevos cheques y podrá hacer retiros del cajero (ATM) y otras transacciones bancarias sin interrupciones.

do your other banking without interruption.

If your paycheck or benefits go automatically into your bank account, don't close the old account until you are sure the next scheduled payment will be deposited into the new account.

If you arranged with your old bank to automatically pay your insurance premiums, bills or your mortgage, make sure the new bank will make those payments, or make them yourself until they start.

If you are changing addresses, give your new address and phone number, in writing, to the former bank.

If You Have a Complaint About a Bank

If you have a complaint about a bank or other financial institution, the Federal Reserve System might be able to help you. It can help consumers by answering questions about banking practices and investigating complaints about banks under its jurisdiction. If they receive complaints about a bank or financial institution they don't supervise, they refer it to the appropriate federal agency.

If you think a bank has been unfair or deceptive with you, or has violated a law or regulation, you are entitled to file a complaint.

The Federal Reserve makes sure that state member banks obey federal laws and regulations that prohibit discrimination in lending. If this is the complaint, it is investigated promptly.

Before you write or call them, the Federal Reserve wants consumers to first try to settle the problem with the bank. You should contact the senior bank manager or the bank's customer service manager for assistance. If you're still unable to resolve the problem, you can file a written complaint with the Federal Reserve and include the following information:

Your name, address and complete daytime telephone number

Name and address of the bank and your account number

Description of the complaint: tell what happened, give the dates involved and the names of those you spoke with at the bank and as much information about the problem as possible.

Include copies of any letters or other documents that may help to investigate your complaint. Do not send original documents, keep the originals for yourself.

Be sure to sign and date your letter.

Send your complaint to:

Board of Governors of the Federal Reserve System
Division of Consumer and Community Affairs
20th and C Streets, N.W., Stop 801
Washington, DC 20551
202-452-3693

Si su cheque de salario o beneficio van automáticamente a su cuenta bancaria, no cierre la cuenta anterior hasta que esté seguro de que el próximo pago va a ser depositado en la cuenta nueva.

Si hizo arreglos con su banco anterior para pagar automáticamente su seguro, cuentas de servicios públicos o su hipoteca, asegúrese de que su nuevo banco haga esos pagos o hágalos usted mismo en el ínterin.

Si está cambiando de dirección, déle a su banco anterior la nueva dirección y el número de teléfono por escrito.

Si Tiene una Queja Acerca del Banco

Si tiene una queja acerca de su banco o institución financiera, el Sistema de la Reserva Federal (Federal Reserve System) podría ser capaz de ayudarlo. Ayuda a los consumidores respondiendo preguntas acerca de las prácticas bancarias e investigando las quejas acerca de bancos bajo esa jurisdicción. Si reciben una queja acerca de un banco o institución financiera que ellos no supervisan, se lo comunicarán a la agencia federal apropiada.

Si piensa que un banco ha sido incorrecto o injusto con usted o ha violado una ley o regulación, usted tiene derecho a presentar queja.

La Reserva Federal (The Federal Reserve) se asegura de que los bancos miembros obedezcan las leyes federales y regulaciones que prohíben la discriminación en préstamos. Si se presenta una queja, la investigarán rápidamente.

Antes de que les escriba o los llame, la Reserva Federal quiere que los consumidores primero intenten solucionar el problema con el banco. Para lograrlo deberá contactar al gerente principal del banco o al gerente de servicios al cliente. Si no resuelven el problema, usted puede presentar una queja por escrito a la Reserva Federal incluyendo la siguiente información:

Su nombre, dirección y el número de teléfono donde puedan comunicarse con usted durante el día.

Nombre y dirección del banco y su número de cuenta.

Descripción de la queja. Escriba qué pasó, dé las fechas y nombres de las personas con quienes habló en el banco y la mayor información posible que pueda acerca del problema.

Incluya copias de cualquier carta o documentos que puedan ayudar en la investigación de su queja. No envíe documentos originales, conserve los originales para sí mismo.

Asegúrese de firmar y poner la fecha en su carta y enviarla a:
Board of Governors of the Federal Reserve System
Division of Consumer and Community Affairs
20th and C Streets, N.W., Stop 801
Washington, DC 20551
202-452-3693

When your complaint is received, the consumer affairs staff will review it and will contact the bank about your complaint. The Reserve Bank will investigate each part of your complaint and ask the bank for its story. If more information is needed, the Federal Reserve will contact you. They will analyze the bank's response and will write you about its findings. If the investigation finds that a federal law or regulation has been violated, you will be told about the violation and what the bank has been ordered to do.

The Federal Reserve investigates all complaints involving the banks it regulates, but it doesn't have the authority to resolve every type of problem. Quite often, after you file a complaint, a bank will offer to work with you to solve the problem, and the Federal Reserve would prefer it that way. But if the problem is not resolved, the Federal Reserve will tell you if a law was actually broken and if you should consider legal action.

Other Federal Agencies

Comptroller of the Currency
Office of the Ombudsman
Customer Assistance Group
1301 McKinney Street, Suite 3710
Houston, TX 77010
fax: 713-336-4301
1-800-613-6743
(regulates banks and credit cards with national in the name or N.A. after the name)

Federal Deposit Insurance Corporation
Compliance and Consumer Affairs
550 17th Street, N.W.
Washington, DC 20429
1-800-934-3342
(regulates state chartered banks that are not members of the Federal Reserve System)

Office of Thrift Supervision
Consumer Programs
1700 G Street, N.W.
Washington, DC 20552
1-800-842-6929
call for the numbers of the office in your region of the country
(regulates federal savings and loans and federal savings banks)

Al recibir su queja los empleados de asuntos al consumidor la revisarán y contactarán al banco. La Reserva Federal investigará su queja y le pedirán al banco su lado de la historia. Si necesita más información, la Reserva Federal se contactará con usted. Analizarán la respuesta del banco y le escribirán acerca de lo que hallaron. Si encuentran durante la investigación que las leyes federales o las reglas han sido violadas, le dirán acerca de la violación y lo que le ordenaron al banco que hiciera.

La Reserva Federal investiga todas las quejas que están relacionadas con los bancos que regulan, pero no tienen la autoridad de resolver todo tipo de problema. Muy a menudo, tras presentar una queja, el banco se ofrecerá a trabajar con usted para resolver el problema, algo que la Reserva Federal prefiere. Si el problema no se resuelve, la Reserva Federal le dirá si han violado alguna ley y si debe considerar alguna acción legal.

Otras Agencias Federales

Comptroller of the Currency (Contralor de la Moneda)
Office of the Ombudsman
Customer Assistance Group
1301 McKinney Street, Suite 3710
Houston, TX 77010
Fax: 713-336-4301
1-800-613-6743
(Regula bancos y tarjetas de crédito que tienen nacional en el nombre o N.A. después del nombre)

Federal Deposit Insurance Corporation (Corporación Federal de Seguros de Depósitos)
Compliance and Consumer Affairs
550 17th Street, N.W.
Washington, DC 20429
1-800-934-3342
(Regula los bancos del estado que no son miembros del Sistema de la Reserva Federal)

Office of Thrift Supervision (Oficina de Supervisión de Ahorros)
Consumer Programs
1700 G Street, N.W.
Washington, DC 20552
1-800-842-6929
llame a los números de la oficina en la región del país
(Regula entidades federales de ahorros y préstamos y bancos federales de ahorro)

National Credit Union Administration
Office of Public and Congressional Affairs
1775 Duke Street
Alexandria, VA 22314-3428
703-518-6330
call for the numbers of the office in your region of the country
(regulates federally chartered credit unions)

Federal Trade Commission
Consumer Response Center
6th and Pennsylvania, N.W.
Washington, DC 20580
1-877-382-4357
www.ftc.gov
consumer complaints and identity theft
(regulates finance companies, stores, auto dealers, mortgage companies
and credit bureaus)

National Credit Union Administration (Administración Nacional de Cooperativas de Crédito)
Office of Public and Congressional Affairs
1775 Duke Street
Alexandria, VA 22314-3428
703-518-6330
llame a los números de la oficina en la región del país
(Regula a las cooperativas de crédito o "credit unions")

Federal Trade Commission (Comisión Federal de Comercio)
Consumer Response Center
6th and Pennsylvania, N.W.
Washington, DC 20580
1-877-382-4357
www.ftc.gov
Atiende quejas de los consumidores y robo de identidad
(Regula compañías financieras, tiendas, negocios de venta de autos, compañías de hipoteca y agencias de crédito)

The Importance of Having Good Credit

You must have a good credit history in order to get a mortgage for a home or business, buy a car, rent an apartment, take out a loan, get a credit card and many other times. Often you have to prove you have good credit to get insurance or get a job.

Your credit history tells anyone reading it where you live and work and whether you pay your bills on time. It tells if you have any collection accounts, judgements, bankruptcy, foreclosures or repossessions. People with a good credit history can qualify for low interest rates on home and car loans and get credit cards and many other things quite easily.

It is very important for the credit report to be accurate and complete. Every one who has a credit history has a FICO or "beacon" score. The score can be from around 400 to over 800. People with credit high enough to qualify for the best rates have scores of at least 625.

People with a bad credit history will often be refused more credit or if they are approved for more credit, the interest rates will be much higher than for people with good credit. If they want to clean up their credit, it will take a lot of hard work and money and time. So it is very important to keep your bills paid on time and keep a good credit history.

Any time you have a problem and can't pay your bills (medical, car, mortgage, rent), the first thing to do is talk to the company you owe the money to. Try to make arrangements to make partial payment so the report does not go to the credit bureau. Get any new arrangements in writing.

Don't think that all your medical bills are paid just because you have insurance, often you have to pay a portion of the medical bill yourself. Many people who have bad credit have the low score partly because they have a long list of medical bills that have been reported to the credit bureau for non-payment.

How to Establish Credit

Paying cash for everything does not mean you have good credit. It means you have *no* credit. There are actually three kinds of credit: good, bad and none. Many people who have lived in this country all their lives still think good credit means they don't owe money to anyone. The banks that give loans to buy a car or a house or other things want to see a "history of on-time payments", they don't want to see that you pay cash for everything you buy. They want to trust that you will pay their payment every month when it is due.

It is sometimes difficult to establish credit when no one will give you credit without established credit, so it goes around and around. There are different ways to establish credit for yourself.

First apply for a credit card issued by a local store and use it very

La Importancia de Tener Buen Crédito

Usted debe tener un buen historial de crédito para poder obtener una hipoteca para su casa o negocio, comprar un vehículo, rentar un apartamento, obtener un préstamo personal, tener una tarjeta de crédito y muchas otras cosas. A veces tiene que probar que tiene buen crédito para obtener un seguro o trabajo.

Su historial de crédito le dice a cualquiera que lo esté leyendo donde vive, trabaja y si paga sus cuentas a tiempo. Esto indica si tiene alguna cuenta en gestión de cobranza, causas judiciales, bancarrotas, perdió la hipoteca de su casa o embargos. Las personas con un buen historial de crédito pueden calificar fácilmente para tasas de interés más bajas en una casa, auto, préstamos personales, tarjetas de crédito y muchas otras cosas.

Es muy importante que el informe de crédito esté correcto y completo. Cada historial de crédito tiene un puntaje llamado FICA. El puntaje puede ser de alrededor de 400 hasta más de 800 puntos. Las personas con un puntaje de crédito suficientemente alto, por lo menos 625, clasifican para las mejores tasas de interés.

A quienes tengan un historial de crédito malo, a menudo se les niega más crédito o, si están aprobadas para más crédito, las tasas de interés serán más altas que para las personas con buen crédito. Si quieren mejorar su crédito les tomará mucho trabajo, dinero y tiempo. Por consiguiente, es muy importante pagar sus cuentas a tiempo y conservar un buen historial de crédito.

Cada vez que tenga un problema y no pueda pagar sus cuentas médicas, del auto, hipoteca o renta, lo primero que debe hacer es hablar con la compañía a la que le debe el dinero. Trate de hacer arreglos para hacer pagos parciales, evitando que informen al departamento de créditos. Pida el nuevo acuerdo de pago por escrito.

No piense que porque tiene seguro sus deudas médicas estarán pagas, a menudo usted mismo tiene que pagar una parte de esas deudas. Muchas personas que tienen mal crédito o tienen un puntaje más bajo es porque tienen una larga lista de deudas médicas que se han reportado al departamento de créditos por estar impagas.

Como debe Establecer Crédito

Si paga por todo en efectivo no significa que tendrá un buen crédito. Eso significa que no tiene crédito. Hay actualmente tres tipos de crédito: bueno, malo y ninguno. Muchas personas que han vivido en este país toda su vida todavía piensan que buen crédito significa que no deben dinero a nadie. Los bancos que otorgan préstamos para comprar un vehículo, casa u otro objeto quieren ver un "historial de pagos a tiempo". No quieren ver que pagó en efectivo por todo lo que compró. Ellos quieren confiar en que hace sus pagos cada mes en la fecha indicada.

A veces es difícil obtener crédito por primera vez, ya que nadie le dará crédito sin haberlo establecido previamente. Hay diferentes maneras de

carefully. Be sure to ask if they report to a credit bureau. If they do, you'll establish a credit history, but if you don't pay your bills on time, you'll be establishing a bad credit history. Get the card at a store where you buy things anyway, don't get a card at a jewelry store and then be forced into buying jewelry you don't need. Try a hardware or clothing store or discount store where you always buy things, and charge a small amount every month. Pay the monthly payment on time (not even one day late) and if possible, pay the full amount each month.

The bank where you have your checking account might have a credit card you can qualify for. Ask them.

> It is extremely important for your future success to have good credit.

If you can't get a standard credit card, another way to establish credit is with a secured credit card. This card requires that you open and maintain a bank account as security for your line of credit. If you keep $500 in that special account at all times, you could probably get a secured credit card for between $300 and $500. Sometimes there are application and processing fees for secured credit cards and they usually carry higher interest rates than traditional non-secured cards. After using the card and making the payments for several months, you should be able to get an unsecured card, which will not need money in a special account. There are many companies that offer secured credit cards (VISA, Capitol One, etc.)

If you still can't qualify for credit on your own, consider asking a friend or relative who has a good credit history to co-sign an account. The co-signer guarantees to make your payments if you don't. You must make all payments on time so you can build a positive credit history and apply for credit in a few months on your own name. If you don't pay those bills on time, you will be hurting your friend's or relative's credit history as well as your own.

If you apply for a card and are turned down, *ask why*. It could be that you haven't been at your address or job long enough, or your income might not be high enough for that company. Different credit card companies have different requirements. Ask the requirements of another company and if you think you qualify with them, apply there. But, if three or four companies turn you down, it may mean that you have to work a little longer at building up a credit history. Then you can try again.

establecer crédito por usted mismo.

Primero, solicite para una tarjeta de crédito otorgada por una tienda local y utilícela con cuidado. Asegúrese de preguntar si ellos reportan al departamento de crédito. Si lo hacen, establecerá un historial de crédito, pero, si no paga sus cuentas a tiempo, establecerá un historial de crédito negativo. Obtenga una tarjeta en una tienda donde compre variedad de artículos, no solicite una tarjeta en una joyería donde se verá forzado a comprar joyas que no necesita. Trate en una ferretería, tiendas de ropa o tiendas de descuento donde siempre compre y pueda financiar un monto pequeño cada mes.

El banco donde tiene su cuenta corriente podría tener una tarjeta de crédito para la que usted califique, pregúnteles.

Si no puede obtener una tarjeta de crédito, otra manera de establecer un historial es con una tarjeta de crédito asegurada. Esta tarjeta requiere que abra y mantenga una cuenta en el banco para asegurar su línea de crédito. Si mantiene todo el tiempo $500 dólares en esa cuenta especial, probablemente podría obtener una tarjeta de crédito asegurada entre $300 y $500. Algunas veces hay cargos por solicitudes y procesamiento de tarjetas aseguradas y suelen tener una tasa de interés más alta que las tarjetas tradicionales no aseguradas. Después de estar usando y haciendo los pagos de la tarjeta por varios meses, debería ser capaz de obtener una tarjeta sin asegurar, la cual no necesitará dinero en una cuenta especial. Hay muchas compañías que ofrecen tarjetas aseguradas (VISA, Capital One, etc.)

Si todavía no puede calificar por su propio crédito, considere pedirle a un amigo o pariente que tenga un buen historial de crédito para que le sirva de fiador de su cuenta. El fiador se compromete a hacer todos los pagos si usted no los hace. Debe hacer todos los pagos a tiempo para que pueda comenzar un historial de crédito positivo y solicitar un crédito en su propio nombre en pocos meses. Si no paga esas cuentas a tiempo estará dañando el historial de crédito de su amigo o pariente tanto como el suyo.

> *Es extremadamente importante tener un buen crédito para asegurar su bienestar en el futuro.*

Si solicita una tarjeta y lo rechazan, *pregunte por qué*, puede ser que no ha estado en esa dirección de trabajo por suficiente tiempo, o su sueldo puede no ser lo suficientemente alto para esa compañía. Diferentes compañías de tarjetas de crédito tienen requerimientos distintos. Pida los requerimientos de otra compañía y, si piensa si califica con ellos, solicítelo allí. Si tres o cuatro compañías lo rechazan, significa que tiene que trabajar un poco más para mejorar su historial de crédito. Entonces podrá intentar otra vez.

Credit Cards

Having a credit card is a *big* responsibility. The payment has to be *received* by the bank on time each month (not just postmarked by that date) or you will be charged late fees of $25 or $30 each time. Making late payments will also hurt your credit rating and create credit problems that can be difficult to fix. If you do not use it carefully, you might find that you owe more than you can repay.

Credit cards are safer and more convenient to use and carry than cash or a checkbook. You can buy goods and services now and pay for them later. They have valuable consumer protections under the law and most cards are accepted by companies around the world, including on the Internet. If you are not happy with a purchase you made using a credit card, you can dispute the charge and may have the right to withhold payment until the problem is resolved. Credit cards are often required if you want to rent a car or guarantee hotel or travel reservations. They are also valuable to provide a source of cash or payment in an emergency.

You must be at least 18 years old and have a regular source of income to qualify for a credit card. Even though you might receive many invitations from card issuers, you will still have to prove that you are a good risk before they actually send you the card. The proof is in your credit record. Before you send in a credit application, you should get a copy of your credit report to make sure it is accurate.

If you are new to this country and you do not have a credit history, you will quickly discover that it is extremely important to establish and keep good credit.

Types of Credit Cards

There are three main types of credit cards: revolving, installment and charge cards.

Revolving: You can pay the total balance each month or make a partial payment, which has to be at least the amount they specify as the minimum payment. This amount varies each month because it is based on the outstanding balance. If you make a partial payment, you will be charged interest (finance charge) on the balance that remains. Department stores, gas and oil companies and banks (VISA, MasterCard, Discover, etc.) usually issue credit cards that are on a revolving credit plan.

Installment: You sign a contract to repay a specific amount in equal payments over a specific period of time. Cars, furniture, personal loans and major appliances are usually financed this way.

Charge: You have to pay the full balance each month, so you don't pay interest charges. Charge cards and charge accounts with local businesses often require repayment on this basis.

Tarjetas de Crédito

Tener una tarjeta de crédito es una *gran* responsabilidad. Si los pagos no son *recibidos* por el banco a tiempo cada mes (y no solamente con el sello postal de esa fecha) se le cobrará cargos por atraso de $25 o $30 cada vez. Haciendo pagos tardíos también empeorará la situación de su crédito y puede ser difícil solucionarlo.

Las tarjetas de crédito son más seguras y convenientes de usar y acarrear que el dinero en efectivo o una chequera. Puede comprar artículos y servicios hoy y pagar luego. Las tarjetas tienen valiosa protección al consumidor la ley y la mayoría de las tarjetas son aceptadas por compañías alrededor del mundo, incluyendo en Internet. Si usted no está contento con una compra que hizo usando una tarjeta de crédito, puede reclamar el cargo y podrá tener el derecho de retener el pago hasta que el problema sea resuelto. Las tarjetas de crédito son requeridas a menudo si quiere rentar un vehículo o garantizar la reserva de un hotel o avión. También son valiosas para proveerse de efectivo o hacer un pago de emergencia.

Debe tener por lo menos 18 años de edad y una fuente de ingresos regular para obtener una tarjeta de crédito. A pesar de que usted pueda recibir muchas invitaciones de instituciones que emiten tarjetas de crédito, tiene que probar que es un buen candidato antes de que se le envíe la tarjeta. La prueba está en su historial de crédito. Antes de que envíe su aplicación, debería obtener un informe de crédito para asegurarse de que es correcto.

Si usted es nuevo en este país y no tiene un historial de crédito, descubrirá rápidamente lo importante que es establecer y mantener un buen crédito.

Tipos de Tarjetas de Crédito

Hay tres tipos de tarjetas de crédito: de saldo, de cuotas y de compras.

Saldo: usted puede pagar el saldo total cada mes o hacer pagos parciales, que deben ser de por lo menos la cantidad especificada como pago mínimo. Esta cantidad cambia cada mes, ya que está basada en el saldo pendiente. Si usted hace pagos parciales se le cobrarán intereses (cargos financieros) por el saldo restante. Las tiendas de departamentos, compañías de gasolina, bancos, VISA, MasterCard, Discover, etc., usualmente emiten tarjetas de crédito que tienen un plan de crédito por saldo.

Cuotas: usted firma un contrato para rembolsar una cantidad específica en pagos iguales durante un período de tiempo. Autos, muebles, créditos personales y artefactos mayores son usualmente financiados de esta manera.

Compras: usted tiene que pagar el saldo completo al final de cada mes para evitar pagar intereses. Las tarjetas de compras y las cuentas de cargos con negocios locales suelen requerir pagos basados en estas condiciones.

Decidiendo por una Tarjeta de Crédito

Las compañías de tarjetas de crédito usan una amplia variedad de términos. Asegúrese de comparar todos ellos antes de seleccionar una tarjeta:

Choosing a Credit Card

Credit card companies use a wide variety of terms, be sure to compare all of them before you select a card:

Annual Percentage Rate (APR): The cost as a yearly interest rate.

Free or Grace Period: This allows you to avoid any finance charge by paying your balance in full on or before the due date. Most cards have a free period, but if there is no free period, you'll pay a finance charge from the date you made the purchase, even if you pay your entire balance when you receive your bill.

Fees and Charges: there are many different fees that credit card companies can charge you. Some charge an annual fee ($15 to $75 for most cards, more for premium cards). Most also charge a fee for a cash advance or if you are late making a payment or if you go over your credit limit. Some charge a flat monthly fee if you don't use the card.

If you pay the full amount each month, the annual fee and other fees will be most important to you. If you pay a smaller amount each month and carry a balance, the APR and the way they compute your balance will be more important to you.

A card that offers bonus points or rewards often has a higher rate of interest, so think about that when you are choosing a card. Often when people have these cards, they end up buying merchandise that they may not need, just so they can get more bonus points.

Things to Watch for When Choosing

Always get all terms and fees in writing and when you apply for the card, go directly to the card issuer. Don't give money to a company that offers to get you a credit card for a fee – you should be able to get your card on your own. These companies often just keep your money and you won't get a card or your money back.

Beware of "credit cards" that only allow you to buy from their own catalogs. These are not actually credit cards and they don't help you establish credit, because they rarely report to the credit bureau.

Be careful of offers that say you are "pre approved" and promise instant credit or that guarantee you a credit card "even if you have no credit history". No one can guarantee you credit in advance, you'll have to fill out an application and qualify just like any other card. You might qualify for a lower credit limit than they quoted in the invitation.

When shopping for a credit card, you should also look at other things besides costs, such as whether the credit limit is high enough to meet your needs, how widely the card is accepted, and what other services and features are available under the plan. Don't think that credit cards are all the same, they are very different and it pays to shop around.

Tasa de Interés Anual (APR) que significa en inglés Annual Percentage Rate: El porcentaje de la tasa de interés anual.

Gratis o Período de Gracia: esto le permite evitar cargos financieros si paga en saldo completo antes o en la fecha de vencimiento. Muchas tarjetas tienen un período gratis pero, si no lo tienen, usted pagará un cargo financiero desde el día que hizo la compra, aunque pague el saldo completo cuando reciba la cuenta.

Tarifas y Cargos: Hay muchas tarifas diferentes que las compañías de tarjetas de crédito pueden cobrarle. Algunos cargos son tarifas anuales ($15 a $75 para la mayoría de las tarjetas y más para las tarjetas sin límite de gastos). La mayoría cobra una tarifa por adelantado en efectivo si se retrasa en hacer sus pagos o si sobrepasa su límite de crédito. Algunos cargos tienen una tarifa mensual fija aunque no use la tarjeta.

Si usted paga la cantidad completa cada mes, el costo anual y las otras tarifas serán más importantes para usted. Si usted paga una cantidad pequeña cada mes y mantiene un saldo, el APR y la manera en que ellos calculan el saldo serán más importantes para usted.

Una tarjeta que ofrece puntos, bonos o recompensas, a veces tiene una tasa de interés más alta, o sea que deberá pensar en eso cuando escoja una tarjeta. A veces, algunas personas que tienen esas tarjetas terminan comprando mercancías que no necesitan, solamente para obtener los puntos o bonos.

Temas a Considerar Cuando esté Escogiendo

Cuando usted solicite una la tarjeta siempre obtenga los términos y tarifas por escrito y vaya directamente a la compañía que otorga la tarjeta. No le dé dinero a una compañía que le ofrezca una tarjeta de crédito por una tarifa, usted podría obtener la tarjeta por su cuenta. Estas compañías a veces se quedan con su dinero y no le darán una tarjeta ni su dinero de vuelta.

Sea cuidadoso con las "tarjetas de crédito" que solo le dejan comprar de sus catálogos. Estas no son realmente tarjetas de crédito y no le ayudan a establecer crédito, ya que raramente reportan a la agencia de crédito.

Sea cuidadoso con las ofertas que dicen que usted está "preaprobado" y prometen crédito instantáneo o le garantizan una tarjeta de crédito "a pesar de que usted no tiene historial de crédito". Nadie le puede garantizar crédito de antemano, usted tiene que llenar una solicitud y calificar como en cualquier otra tarjeta. Usted podría calificar por un límite de crédito mas bajo del que le ofrecieron en la invitación.

Cuando usted esté escogiendo una tarjeta de crédito, deberá observar otras cosas aparte del costo, tales como si el límite de crédito es suficientemente alto como para cubrir sus necesidades, cuánta aceptación tiene y que otros servicios y artículos están disponibles bajo ese plan. No piense que todas las tarjetas de crédito son iguales, son muy diferentes y vale la pena compararlas.

Averigüe si la tasa de interés de la tarjeta se incrementa después de un

Find out if a new card's interest rate increases after a short period of time, perhaps six months. Also, they might advertise a low introductory rate, but when you read it carefully, you may find that it only applies to balances you transfer to your card from other loans or cards, not to any new purchases you put on the card. Read the information carefully and call and ask for clarification if you don't understand it.

Be aware that an interest rate advertised as "fixed" still can be changed if they notify their card holders. When you receive information each month from your credit card company, read it and look to see if they are raising your rates and if you can do anything about it. If your card company does raise your rate for any reason, that new rate often will apply to any outstanding balance plus new purchases.

Tips to Manage Your Card Use

Once you get a credit card and are using it responsibly, it might be a good idea to get another card. Having two or three cards will give you as much credit as most families need and will build your credit history, so long as you do not go too deeply into debt. Don't buy things without remembering that you will have to pay it back. This could be a problem if you were to lose your job or have a medical emergency.

When you have had a card for a while and have an excellent history of paying the bills on time, you can often get a lower rate of interest. Call the customer service number on your statement and ask.

If you have balances on more than one card, you should pay more than the minimum at least on the card with the highest rate of interest. If you only pay the minimum payment on a card with high interest, it might take years to pay off the balance. The minimum payment often covers the finance charge and almost none of the balance.

Don't get a cash advance on your credit card unless it is absolutely necessary. Cash advances usually have a very high rate of interest and the interest starts the day you get the cash. It is a very expensive way to borrow money. A bank loan will have much better rates.

Keep every charge receipt, at least until the statement comes in, and check your monthly statements as soon as they come. Immediately call the company and report it if there is a problem. Never put a note or letter into the same envelope as your payment, it will *never* get to the right department.

It is also a good idea to keep the receipt for a few months until you are sure you don't have to return the item for some reason. If you do return something that was on your credit card, the amount will be credited back to the card. Check the next month to see that it is shown on your statement as a credit.

corto período de tiempo, tal vez seis meses. También pueden publicar una tasa inicial baja pero, cuando lea cuidadosamente, puede encontrar que solamente aplica a los saldos que transfiere de otras tarjetas y no a las compras que efectúe con la tarjeta. Lea la información cuidadosamente, llame y pida que le clarifiquen lo que no entienda.

Tenga cuidado con las tasas de interés publicadas como si fueran "permanentes", pero pueden ser cambiadas si se le notifican a los tarjeta habientes. Cuando reciba información de su compañía de tarjeta de crédito, léala y mire si están incrementando su tasa de interés y si puede hacer algo acerca de eso. Si su compañía de tarjeta de crédito incrementa las tasas de interés por cualquier razón, la nueva tasa a veces aplicará a cualquier saldo pendiente más las nuevas compras.

Consejos Para el Uso de Su Tarjeta

Una vez que obtenga su tarjeta de crédito y la esté usando responsablemente, puede ser una buena idea obtener otra tarjeta. Con dos o tres tarjetas obtendrá el crédito que necesita la mayoría de las familias y aumentará su historial de crédito, siempre y cuando no se hunda en deudas. No compre cosas sin recordar que las tendrá que pagar. Esto podría ser un problema si llega a perder su trabajo o a tener una emergencia médica.

Cuando haya tenido una tarjeta por algún tiempo y si tiene una historia excelente pagando sus deudas a tiempo, a veces puede obtener tasas de interés más bajas. Llame al número que aparece en su estado de cuenta y pregúntele al representante de servicios al cliente.

Si tiene saldos en más de una tarjeta, deberá pagar por lo menos más del mínimo en la tarjeta con la tasa de interés más alta. Si solamente paga el monto mínimo en esa tarjeta de alto interés, puede tomar años para terminar de pagar el saldo. El pago mensual a veces cubre los cargos financieros y casi nada del saldo.

No obtenga adelantos de efectivo con su tarjeta, a menos que sea absolutamente necesario. Los adelantos de efectivo usualmente tienen una tasa alta de interés y comienza el día que se retira el dinero. Es una manera muy cara de pedir dinero prestado. Un préstamo bancario tendrá mejores tasas de interés.

Quédese con cada recibo de compra por lo menos hasta que el resumen de cuenta llegue. Verifique su resumen de cuenta mensual tan pronto como lo reciba. Si hay un problema, llame a la compañía inmediatamente y repórtelo. Nunca ponga una nota o carta en el mismo sobre de su pago porque nunca llegará al departamento correcto.

También es una buena idea conservar el recibo por unos pocos meses hasta que esté seguro que por alguna razón no tiene que devolver el artículo. Si regresa algo que compró con su tarjeta de crédito, el monto será acreditado a su cuenta. Verifique su resumen de cuenta del siguiente mes para ver si aparece como crédito.

Si decide cerrar una de sus cuentas, pague el saldo completamente y

If you decide you want to close one of your accounts, pay off the card entirely and write the company telling them you want to close the account. Keep a copy of the letter and cut up the old card. If you have several cards and don't ever plan to use one of them, it is a good idea to cancel the card or at least keep it in a safe place at home.

Ways to Protect Your Card

Never give your card number, PIN (personal identification number) or similar personal information to anyone on the telephone unless you are the one who made the call to a company that you know is legitimate.

Never give your PIN to anyone. Don't use numbers as your PIN that would be easy for someone to guess (birthday, address, etc.) and keep them secret.

Notify your card company immediately if your card is lost or stolen, or if you find a problem in your monthly billing. Under federal law, if a thief uses your credit card or card number, you are liable for a maximum of $50 per card. Write down the time of your call and the person you reported it to. If you contact your card company before any unauthorized charges are made, and someone uses your card after that, you owe nothing.

When you receive your card in the mail, sign it immediately so no one else can use it. Or in large letters write "See I.D." on the back (instead of your signature), which means anyone using the card is supposed to show identification before signing for a purchase.

The papers that come with your new card have important information on them, such as customer service telephone numbers and where to call if your card is lost or stolen. Keep this information in a safe place. To activate the card, there will usually be instructions to call the card company from the phone that you listed on the application as your home number, so be sure to call from that phone. Many issuers require this step to make sure the right person got the card in the mail and to give you additional information.

Never lend your card to anyone. Always notify the card company if you are moving, so your bill gets to your new address in time to make the payment by the due date. Know when your credit card bill arrives and call the company if it does not come on time.

The most important thing to remember is to pay the bills on time to establish and keep a good credit history. Many people get a credit card and then get behind in their payments or buy more than they can repay and then get into trouble with extra costs, huge debt and ruined credit.

A good credit history is one of the most important things you can have to succeed in this country.

escríbale a la compañía avisándoles que quiere cancelar la cuenta. Conserve una copia de la carta y corte la tarjeta anulada. Si tiene varias tarjetas y nunca planea usarlas, es buena idea cancelarlas o, por lo menos, conservarla en la casa en un lugar seguro.

Maneras de Proteger Su Tarjeta

Nunca dé su número de identificación "PIN", (que significa en inglés Personal Identification Number o numero de identificación personal), información personal a nadie por teléfono, a menos que sea usted quien llamó a la compañía y sabe que es legítima.

Nunca dé su clave "PIN" a nadie. No use como números de PIN los que puedan ser fáciles de adivinar (fechas de cumpleaños, direcciones, etc.) y manténgalos en secreto.

Notifique inmediatamente a la compañía de crédito si perdió su tarjeta, o si se la robaron, o si encuentra un problema en su resumen de cuenta mensual. De acuerdo a la Ley Federal, si un ladrón usa su tarjeta de crédito o su número de tarjeta, usted es responsable por un máximo de $50. Anote la hora de su llamada y el nombre de la persona a quién se lo reportó. Si contacta a la compañía de la tarjeta antes de que cualquier cargo sea hecho y alguién usa su tarjeta después de eso, usted no deberá nada.

Cuando reciba una tarjeta por correo fírmela inmediatamente para que nadie la pueda usar o escriba en letras grandes "Vea ID, See ID" en la parte de atrás (en vez de su firma). Esto significa que cualquiera que use la tarjeta deberá mostrar una identificación antes de firmar una compra.

Los documentos que vienen con su nueva tarjeta tienen información importante, tales como: números de teléfonos y servicios de atención al cliente donde pueda llamar si se le perdió o le robaron la tarjeta. Mantenga esta información en un lugar seguro. Para activarla normalmente habrá instrucciones para llamar a la compañía de tarjetas desde el teléfono que puso en la aplicación, por ejemplo, el teléfono de su casa. Asegúrese de llamar desde ese mismo teléfono. Muchas de las compañías que emiten tarjetas requieren este paso para asegurarse que la persona correcta recibió la tarjeta en el correo y para darle información adicional.

Nunca le preste a nadie su tarjeta. Siempre notifíquele a la compañía de la tarjeta si usted se ha mudado para que su cuenta le llegue a su nueva dirección a tiempo y poder hacer el pago, antes de la fecha de vencimiento. Sepa cuando su resumen de tarjeta de crédito le va a llegar y llame a la compañía si no llega a tiempo.

Una de las cosas más importantes a recordar es pagar su cuenta a tiempo para establecer y mantener un buen historial de crédito. Muchas personas obtienen una tarjeta de crédito y se retrasan en sus pagos o compran más de lo que pueden pagar y por lo tanto se meten en problemas con costos adicionales, altas deudas y arruinan su crédito.

Un buen historial de crédito es una de las cosas más importantes que puede tener para salir adelante en este país.

Identity Theft

How can a person's identity be stolen? "Identity theft" means someone uses your name, Social Security number, credit card number or some other personal information of yours for his or her own use. This is done without your knowledge, so they can commit fraud or theft.

It has become a very serious, and increasingly common, crime in this country. Identity thieves can open a new credit card account when they get your name, date of birth and Social Security number (SSN). When they use that credit card and don't pay the bills, the bad payment record is reported on your credit report.

They might call your credit card company and, pretending to be you, change the mailing address on your credit card account. Then, he or she makes purchases with your account, and since your bills are being sent to the new address, you might not realize there's a problem right away.

Or they might get cell phone or cable TV service in your name, or open a bank account in your name and write bad checks on that account. Some identity thieves have even gotten new cars and car loans on another person's name.

Ways to Prevent Identity Theft

While you probably can't prevent identity theft entirely, you can minimize your risk. By managing your personal information and being aware of the problem, you can help guard against identity theft.

Place passwords on your credit card, bank and phone accounts. Pick a difficult number or word so someone else can't guess it. If a new account application requests your mother's maiden name (which is a very common password businesses use for you), use a different password instead.

When you get mail with your credit card number, bank account number or social security number on it, shred the papers before throwing them away. When you get offers for more credit cards, shred those papers, too. Use actual mail boxes for your outgoing mail, not your mailbox at the end of your driveway. And it is important to *never* have your driver license number or SSN printed on your checks. When you pay your credit card bill by check, never write more than the last four numbers of your account on the memo line of the check.

Order a copy of your credit report from each of the three major credit bureaus once a year. You can catch mistakes and fraud before your personal finances are ruined. One of the most common ways that consumers find out they're victims of identity theft, is when they try to get a loan to make a major purchase, and then they can't get the loan.

Don't give personal information on the phone, through the mail or over the Internet unless you are the one who made the contact or if you're

Robo de Identidad

¿Cómo puede ser robada la identidad de una persona? "Robo de Identidad" significa que alguién usa su nombre, número de seguro social, número de tarjeta de crédito o cualquier otra información personal para su propio beneficio. Esto se hace sin su conocimiento, pudiendo cometer fraude o robo.

Esto ha llegado a ser un crimen muy serio y se ha incrementado enormemente en este país. Los ladrones de identidad pueden abrir una nueva cuenta de tarjeta de crédito cuando obtienen su nombre, fecha de nacimiento o número de seguro social (SSN). Cuando usan esas tarjetas de crédito y no pagan las cuentas, el mal registro de pago es informado en su historial de crédito.

Podrían llamar a su compañía de tarjetas de crédito pretendiendo ser usted, cambiar la dirección de correos en su cuenta de la tarjeta y hacer compras con su cuenta. Como el resumen está siendo enviado a la nueva dirección, usted no se dará cuenta en ese momento que hay un problema.

También podrían obtener un teléfono celular, servicio de cable de televisión o abrir una cuenta bancaria en su nombre y emitir cheques sin fondos sobre esa cuenta. Algunos ladrones de identidad han comprado vehículos nuevos y han solicitado préstamos para vehículos con el nombre de otras personas.

Formas de Prevenir el Robo de Identidad

Aunque usted probablemente no pueda prevenir completamente el robo de identidad, puede disminuir su riesgo. Manejando su información personal y conociendo el problema usted puede ayudar a resguardarse contra el robo de identidad.

Ponga claves en su tarjeta de crédito, bancos y cuentas de teléfono. Escoja un número o palabra difícil para que otro no lo pueda adivinar. Si una nueva solicitud de cuenta requiere el nombre de soltera de su madre (el cual es una clave muy común que los negocios usan para usted), en vez de eso use una clave diferente.

Cuando reciba correo con su número de tarjeta de crédito, número de cuenta bancaria o número de seguro social, destruya los papeles antes de botarlos. Cuando le ofrezcan más tarjetas de crédito, destruya esos papeles también. Use el buzón de la oficina de correos para la correspondencia que va a enviar en vez del buzón de su casa. Es muy importante que no tenga su número de licencia de conducir o su número de seguro social impreso en sus cheques. Cuando pague con cheques su cuenta de tarjeta de crédito, nunca escriba más que los cuatro últimos números de su cuenta en la línea de descripción del cheque.

Ordene una copia de su historial de crédito en cada una de las tres principales instituciones de crédito una vez al año. Usted puede encontrar errores y fraude antes de que sus finanzas personales sean arruinadas. Una de las maneras más comunes en que los consumidores se dan cuenta de que son víctimas de robo de identidad, es cuando tratan de obtener un préstamo para hacer una compra mayor y se los niegan.

No de información personal por teléfono, a correo o Internet a menos que

sure you know who you're dealing with. Identity thieves sometimes call people and pose as representatives of banks and even government agencies to get you to reveal your SSN, mother's maiden name, account numbers and other personal information.

Before you give any personal information, call Customer Service of the company that called. Use the number listed on your account statement or in the telephone book, not a number the caller gives you. Customer Service will tell you if they really need that information.

Keep your SSN card in a safe place, don't carry it with you. Give your SSN only when necessary, try to use other identification. Some states use your SSN on your driver's license, ask to use another number.

Pay attention to your bank statements and bills and if one doesn't arrive on time, call and check on it. Be careful when people say you will win a prize and they need your SSN to verify it. Be careful of email requests that say your bank or credit card information needs to be updated and they want your SSN or credit card number. Call the company yourself and ask if they really need the information.

If You Are a Victim of Identity Theft

If you are a victim of identity theft, contact all three credit bureaus (see next chapter), tell them you want a "fraud alert" placed in your file, and also a victim's statement asking that creditors call you before opening any new accounts or changing your existing accounts. This can help prevent an identity thief from opening additional accounts in your name. Ask each bureau when the fraud alert will expire so you can renew it then.

Once you check your credit report, close any accounts that you think were used by the thieves or opened by them.

Identity theft is a crime and a police report should be filed, even if the police say you don't have to report it. Tell them you have to report it because you need copies of the police report, which you will give to the banks, credit card companies and others that need proof of the crime. You will also need this report to show proof to companies that are trying to get you to pay the bills that the thief made in your name.

Some state laws do not consider identity theft a crime; if that is the case in your state, ask to file a Miscellaneous Incident Report instead. This report will serve as proof of the crime.

The U.S. government has a central website for information about identity theft, maintained by the Federal Trade Commission (FTC) at www.consumer.gov/idtheft/. This site is in English and Spanish and possibly other languages, too.

FTC Identity Theft Hotline: 1-877-IDTHEFT (1-877-438-4338).

usted sea quién hizo el contacto inicial o si está seguro de que conoce con quién se está comunicando. Los ladrones de identidad algunas veces llaman a las personas y se hacen pasar por representantes de banco y hasta agencias gubernamentales para hacer que usted, revele su número de seguro social, nombre de soltera de su madre, número de cuenta u otra identificación personal.

Antes de dar cualquier identificación personal, llame al servicio de la compañía que lo llamó. Use el número que aparece en su resumen de cuenta o en la guía telefónica, no el número que le dio quien lo llamó. El servicio de atención al cliente le dirá si realmente ellos necesitan esa información.

Mantenga su número de seguro social en un lugar seguro, no lo lleve consigo. Dé su número de seguro social solamente cuando sea necesario o trate de usar otra identificación. Algunos estados usan su número de seguro social en su licencia de conducir, pida que usen otro número.

Preste atención a su resumen de cuenta bancaria u otras deudas. Si no llegan a tiempo llame y averigüe. Tenga cuidado cuando le dicen que ganó un premio y que necesitan el número de seguro social para verificarlo. Tenga cuidado con correos electrónicos que requieren su información bancaria o tarjeta de crédito porque necesita ser actualizada y que solicitan su número de seguro social o el número de la tarjeta de crédito. Llame usted mismo a la compañía y pregunte si necesitan esa información.

Si Usted es Víctima de un Robo de Identidad

Si usted es víctima de un robo de identidad, contacte a las tres instituciones de crédito (vea el próximo capítulo) y dígales que quiere que coloquen un "alerta de fraude" en su archivo y también una nota pidiendo que los prestamistas lo llamen antes de abrir cualquier cuenta nueva o cambie sus cuentas existentes, esto puede ayudar a prevenir que en un robo de identidad abran cuentas adicionales a su nombre. Pregúntele a cada una de las agencias cuándo se vence el alerta de fraude para renovarlo. Una vez que usted revise su informe de crédito, cierre cualquier cuenta que piense que ha sido usada por los ladrones o que hayan abierto. El robo de identidad es un crimen y debe denunciarlo a la policía, aunque le digan que no es necesario. Dígales que lo tiene que reportar porque necesita copias del informe de la policía para entregar a los bancos, a las compañías de tarjetas de crédito y a demás que necesiten pruebas del crimen. Usted también necesitará ese informe para mostrarlo a las compañías que están tratando de cobrarle los cargos que el ladrón hizo en su nombre.

Las leyes de algunos estados no consideran robo de identidad como un crimen. Si ese es el caso en su estado, entonces pida que le tomen un informe misceláneo por el incidente. Este informe servirá como prueba del crimen.

El gobierno de USA tiene una página de Internet central para información sobre robo de identidad, mantenida por la Comisión Federal de Comercio (Federal Trade Commission) en www.consumer.gov/idtheft/. Este sitio esta en inglés y en español y, posiblemente, en otros idiomas.

La línea de robo de identidad es el: 1-877-IDTHEFT (1-877-438-4338).

Get a Copy of Your Credit Report

A credit report is a consumer report that contains information about you; where you work and live and how you pay your bills. Credit bureaus or companies called Consumer Reporting Agencies (CRA) gather the information and provide your credit report to businesses. It is very important that the information in your report is complete and accurate. Make sure your name and social security number are correct, too. There are many cases where people with similar or identical names have reports with some information for one person and some for the other.

It is a good idea to occasionally review your credit report for inaccuracies or omissions. Checking in advance on the accuracy of your credit report might be especially important if you are considering making a major purchase, such as buying a home or car.

If you have been denied credit, insurance or employment because of information supplied by a CRA, the law states that the company you applied to must give you the CRA's name, address and telephone number. If you contact the agency for a copy of your report within 60 days of receiving a denial notice, the report is free. You are entitled to one free copy of your report a year if you can prove that you're unemployed and plan to look for a job, or you're on welfare or your report is inaccurate because of fraud. Some state laws allow you to get your report free upon request. Otherwise, a CRA may charge you a small fee (around $10.00) for a copy of your report.

You can also get copies on the Internet. Don't get your credit report checked over and over again unnecessarily. Each time your credit is checked by a loan company, it takes a few points off your score. The better your credit history is, the higher your score will be, and higher scores get the best interest rates and terms.

There are three major CRAs that would have a file on you, sometimes with slightly different information, so you should contact each CRA directly to get your report:

Equifax
P.O. Box 740241
Atlanta, GA 30374-0241
1-800-685-1111
www.equifax.com

Obtenga una Copia de Su Informe de Crédito

Un historial de crédito es un informe del consumidor que contiene información sobre usted como dónde trabaja y vive y cómo paga sus cuentas. A las agencias de crédito o compañías las llaman Agencias de Informes al Consumidor (CRA). Son quienes reúnen la información y proporcionan su historial de crédito a los negocios. Es muy importante que la información en sus informes sea completa y correcta. Asegúrese que su nombre y número de seguro social sean los correctos. Hay muchos casos donde personas con nombres similares o idénticos tienen informes con algún dato de una persona y otro de la otra.

Es buena idea de que, ocasionalmente, revise su historial de crédito para detectar cualquier inexactitud u omisiones. Verificar con antelación la exactitud de su informe de crédito puede ser especialmente importante si está considerando hacer una compra mayor, como una casa o vehículo.

Si a usted le han rechazado un crédito, seguro o empleo en base a la información proporcionada por las agencias de informe al consumidor (CRA), la ley establece que la compañía que lo rechazó debe proporcionarle el nombre, dirección y número de teléfono del CRA. Si usted contacta a la agencia para solicitar una copia de su historial dentro de 60 días de recibir la noticia de rechazo, este informe es gratis. Usted tiene derecho a recibir una copia gratis de su informe una vez al año si puede probar que está desempleado y planea buscar un trabajo o está siendo ayudado por el gobierno (welfare) o su historial está incorrecto por un fraude. Las leyes de algunos estados permiten que usted obtenga un historial gratis, en otros casos la CRA puede cobrar un pequeño importe (alrededor $10.00) por cada copia de su historial.

Usted también puede obtener copias en el Internet. No revise su historial de crédito una y otra vez innecesariamente. Cada vez que su historial de crédito es verificado por una compañía de préstamos le resta puntos. Lo mejor en su historial de crédito es que su puntuación sea alta, ya que así obtendrá el mejor interés y términos más favorables.

Hay tres agencias principales de informes al consumidor que tendrán un expediente acerca de usted. Algunas veces la información difiere, por lo que tendrá que contactar a cada una de ellas y obtener su historial.

Equifax
P.O BOX 740241
Atlanta, GA 30374-0241
1-800-685-1111
www.equifax.com

Experian
P.O. Box 2002
Allen, TX 75013
1-888-397-3742
www.experian.com

Trans Union
P.O. Box 2000
Chester, PA 19022
1-800-888-4213
www.transunion.com

Both the Consumer Reporting Agency (CRA) and the businesses that provided the information to the CRA, such as a bank or credit card company, have legal responsibilities for correcting incorrect or incomplete information in your report. To protect all your rights under the law, contact both the CRA and the bank or credit card company.

> *If you find errors on your credit report, get them corrected. It is your responsibility to make sure it is correct.*

If you find mistakes on your credit report, notify the CRA (in writing) with the information you believe is wrong. Include copies (*not originals*) of documents that prove your story. Your letter should have your complete name and address and clearly identify each item in your report that you dispute. Explain why you dispute the information, and request deletion or correction. You should enclose a copy of your credit report with those items circled. Mail your letter and copies by "certified mail, return receipt requested", so you can document what the CRA received. Keep copies of everything you send them.

CRAs must investigate the items in question, usually within 30 days, unless they consider your dispute frivolous. They have to forward all relevant information you provide about the dispute to the bank or credit card company. After the bank or credit card company is notified by the CRA of the dispute, it has to investigate and report the results back to the CRA. If the bank or credit card company finds that the information in your credit report is inaccurate, it must notify all nationwide CRAs so they can correct the information in your file. Disputed information that cannot be verified must be deleted from your file.

If your report contains inaccurate information, the CRA must correct it and if an item is incomplete, the CRA must complete it. An example of incomplete information would be if your file shows that you made late

Experian
P.O Box 2002
Allen, TX 75013
1-888-397-3742
www.experian.com

Trans Union
P.O. Box 2000
Chester, PA 19022
1-800-888-4213
www.transunion.com

Tanto las agencias de informes al consumidor (CRA) como los negocios que proporcionan información a las CRA, tales como los bancos o compañías de tarjetas de crédito, tienen la responsabilidad legal de corregir información incorrecta o incompleta en sus informes. Para proteger todos sus derechos bajo la ley contacte a ambos, a la CRA y a los bancos o compañías de tarjetas de crédito.

Si usted encuentra errores en su historial de crédito, notifique al CRA por escrito con la información que cree está incorrecta. Incluya copias *no originales* de los documentos que prueban su versión. Su carta debe tener su nombre completo, dirección y claramente identificar cada uno de los puntos en su historial que usted reclama. Explique por qué usted niega esa información y pida su eliminación o corrección. Usted debe incluir una copia de su informe de crédito con esos puntos marcados con un círculo. Envíe su carta y copias por "correo certificado, con aviso de entrega", para que usted pueda documentar que la CRA lo recibió. Mantenga copias de todo lo que usted les envía.

> *Si detecta errores en su historial de crédito, haga que los corrijan. Es su responsabilidad asegurarse de que sea correcto.*

La CRA debe investigar la información del reclamo, usualmente en 30 días, a menos que ellos consideren su reclamo inútil. Deben pasarle la información relevante al banco o a la compañía de tarjetas de crédito. Después de que la CRA notifica del reclamo al banco o a la compañía de tarjetas de crédito, tienen que investigar y reportar los resultados a la CRA. Si el banco o la compañía de crédito encuentran que la información en su historial de crédito es incorrecta, deben notificarles a todas las CRA del país para que puedan corregir la información en sus archivos. La información cuestionada que no pueda ser verificada debe ser removida de su historial.

Si su historial contiene información incorrecta la CRA debe corregirla y si está incompleta deben completarla. Un ejemplo de información incompleta es que su historial de crédito muestra que usted ha hecho pagos atrasados en

payments in the past and doesn't show that you are making them on time now, the CRA must show that your payments are current. If your file shows an account that belongs to another person, the CRA must delete it.

When the reinvestigation is finished, the CRA must give you the written results and a free copy of your report if they made a change. If an item is changed or removed, the CRA cannot put the disputed information back in your file unless the information provider verifies its accuracy, and the CRA gives you a written notice that includes the name, address, and phone number of the provider.

Also, if you request, the CRA must send notices of corrections to anyone who received your report in the past six months. Job applicants can have a corrected copy of their report sent to anyone who received a copy during the past two years for employment purposes. If a reinvestigation does not resolve your dispute, ask the CRA to include your statement of the dispute in your file and in future reports.

Contact the information provider (bank or business) and give them all of the same information you gave the CRA. If you are correct and the disputed information is incorrect, the business can't use it again.

But remember, when negative information in your report is accurate, only a long period of time can remove it. Negative information, such as a foreclosure or vehicle repossession can stay on your report for seven years and sometimes longer. Bankruptcy information can be reported for 10 years and information about a lawsuit or an unpaid judgment against you can be reported for seven years or until the statute of limitations runs out, whichever is longer. It might seem easy to go through bankruptcy or have a car repossessed, but it will be on your report for many years.

Your credit file might not show all your good credit accounts. Although most national department store and all-purpose bank credit card accounts will be included in your file, not all creditors supply information to CRAs. If you have been told that you were denied credit because of "insufficient credit" or "no credit history" and you have good accounts with businesses that do not appear in your credit file, ask the CRA to add this information to future reports. They are not required to do that, but many CRAs will add these accounts (possibly for a fee).

As you have probably figured out by now, it is important to check your credit report periodically. Mistakes take a long time and many letters and phone calls to correct. Identity theft and ruined credit can take years to repair.

el pasado y no muestra que los está haciendo a tiempo ahora. La CRA debe mostrar que sus pagos están al día. Si en su historial aparece una cuenta que le pertenece a otra persona, el CRA debe removerla.

Cuando la investigación finalice, si hay un cambio, la CRA le debe dar los resultados por escrito y una copia gratis de su historial. Si algo es cambiado o removido, la CRA no puede poner la información cuestionada nuevamente en su historial, a menos que el proveedor de información la verifique y la CRA le dé estos datos por escrito indicando el nombre, dirección y número de teléfono del proveedor.

También, si usted lo pide, la CRA debe enviar información de las correcciones a cualquiera que haya recibido su historial de crédito en los últimos seis meses. Un solicitante de empleo puede pedir que envíen una copia de su historial de crédito ya corregido a los que recibieron una copia de su historial en los últimos dos años con el propósito de darle empleo. Si una reinvestigación no resuelve la disputa, pídale al CRA que incluya su declaración en su historial de crédito y futuros informes.

Contacte el proveedor de la información (banco o negocio) y déle la misma información que le dio al CRA. Si usted está en lo correcto y la información del historial era errónea, el negocio no la puede usar en su contra otra vez.

Pero recuerde que cuando la información negativa en su historial es correcta, solamente se puede remover tras un largo período de tiempo. La información negativa como la pérdida de una hipoteca o falta de pago en un vehículo puede permanecer en su historial por siete años y a veces más. Informaciones de bancarrota puede reportarse por 10 años e información acerca de una demanda o una orden judicial que no ha sido pagada puede ser reportada por siete años o hasta que prescriba, lo que sea más largo. Puede que se vea fácil declarar bancarrota o que le quiten su vehículo, pero estará en su historial de crédito por muchos años.

Su historial puede que no muestre todas sus cuentas con buen crédito. A pesar de que muchas tiendas de departamento nacional y las tarjetas de crédito serán incluidas en su historial, no todos prestamistas le dan la información al CRA. Si le han dicho que su aplicación de crédito fue negada por "insuficiente crédito" o "no poseer historial de crédito" y usted tiene buenas cuentas con negocios que no aparecen en su historial de crédito, pídale al CRA que añada esta información en futuros informes. No se les exige que hagan esto, pero muchas CRA añadirán esta información, posiblemente cobrando una tarifa.

Como usted probablemente se ha dado cuenta, es importante verificar su historial de crédito periódicamente. Los errores toman mucho tiempo, muchas cartas y llamadas telefónicas para corregirlos. El robo de identidad y el crédito arruinado pueden tomar años para repararse.

Health Insurance

This country does not have socialized medical care. If you don't have health insurance coverage, you have to pay for health care yourself when you go to the doctor or hospital. Health care can be very expensive and could total many thousands of dollars for serious illnesses.

All insurance is purchased for the same reason; to protect yourself financially. Health insurance protects you and your family in case you need medical care. You can never predict what your medical bills will be.

Most people in the U.S. are enrolled in a managed care plan. There are different managed care plans and each works differently. They include fee-for-service, preferred provider organizations (PPO), health maintenance organizations (HMO) and point-of-service (POS) plans.

When you enroll in a health care plan, you pay a monthly or quarterly fee as insurance for the time when you need medical attention. When you go to the doctor or hospital, the health insurance company pays part or all of the fee, so you don't have to pay all of it.

The two main ways that people obtain health coverage are by paying into a group plan or buying individual insurance.

Health Insurance Terms

Co-insurance: The amount you are required to pay for medical care after you have paid your deductible. It is usually written as a percentage: if the insurance company pays 80% of the claim, you pay 20%.

Coordination of Benefits: This eliminates duplication of benefits when you are covered under more than one group plan (such as yours and your spouse's). Benefits under the two plans usually are limited to no more than 100 percent of the claim, if one plan pays 80%, the other can pay 20%.

Co-payment: You pay a flat fee every time you receive a medical service. You might pay $10 for every visit to the doctor, the insurance company pays the rest.

Covered Expenses: Most insurance plans don't pay for all services. Some may not pay for prescription drugs: others may not pay for substance abuse care. Covered services are the medical procedures the insurer agrees to pay for and they are always listed in the policy.

Customary Fee: Most insurance plans will pay what they call a "reasonable and customary" fee for a particular service. You will be billed for the amount your doctor charges over the amount the insurance plan will pay. This is in addition to the deductible and co-insurance. You can ask your doctor to accept your insurance company's payment as full payment or you can look for another doctor. Otherwise you will have to pay the rest yourself.

Seguro de Salud

Este país no tiene servicio médico social (gratuito). Si usted no tiene cobertura de seguro de salud, tendrá que pagar por los servicios médicos usted mismo cuando vaya al doctor u hospital. El cuidado de la salud puede ser muy caro y puede sumar miles de dólares en enfermedades serias.

Todos los seguros se compran por la misma razón: para protegerse usted mismo financieramente. El Seguro de salud protege a usted y su familia en caso que necesite cuidado médico. Nunca podrá predecir cuales serán sus gastos médicos.

Muchas personas en USA están inscriptas en un plan de cuidado controlado. Hay diferentes planes de cuidado controlado y trabajan en forma distinta. Ellos incluyen tarifas por servicio, Organización de Proveedor Preferido por (PPO) que significa en inglés (Preferred Provider Organization), Organización de Mantenimiento de Salud por (HMO) que significa en inglés (Health Maintenance Organization) y Plan de Punto de Servicios por (POS) que significa en Inglés Point-of-Service.

Al inscribirse en un plan de cuidado de la salud, usted pagará cuotas mensuales o trimestrales para cubrir la necesidad de atención médica. Cuando vaya al doctor u hospital, el seguro de salud paga parte o todo el costo, para que Usted no tenga que pagar el total.

Las principales maneras en que las personas obtienen cobertura médica son: pagándole a un plan de grupo o comprando seguro individual.

Términos de Seguro de Salud

Co-Seguro: el monto que se requiere para pagar cuidados médicos después de haber pagado su deducible. Es usualmente representado como un porcentaje. Si la compañía de seguros paga 80% del reclamo usted paga el 20%.

Coordinación de beneficios: esto elimina la duplicación de beneficios cuando está cubierto bajo más de un plan de grupo, ya sea usted o su cónyuge. Los beneficios bajo los dos planes son usualmente limitados a no más del 100% del reclamo, si uno paga 80%, el otro paga 20%.

Copago: pago de una suma fija cada vez que reciba servicio médico. Podría pagar $10 por cada visita al doctor, la compañía de seguro paga el resto.

Gastos Cubiertos: muchos planes de seguro no pagan por todos los servicios. Pueda que algunos no paguen por prescripciones médicas: otros puedan que no paguen por cuidado de abuso de drogas. Servicios cubiertos se refiere a los procedimientos médicos que la aseguradora acepta pagar y siempre están enumerados en la póliza.

Tarifas Habituales: casi todos los planes de seguro pagarán lo que ellos llaman tarifas "razonables y habituales" por un servicio en particular. El servicio será facturado por el monto que cobra su doctor, que puede estar por encima del monto que el plan del seguro cubrirá. Esto es en adición al

Deductible: The amount of money you have to pay each year for your medical care expenses before your insurance policy starts paying.

Exclusions: Certain conditions or circumstances when the policy will *not* provide benefits. They will be listed in the policy.

HMO (Health Maintenance Organization): Prepaid health plans. You pay a monthly premium and the HMO covers your doctors' visits, hospital stays, emergency care, surgery, checkups, lab tests, x-rays and therapy. You must use the doctors and hospitals designated by the HMO or they will not pay anything.

Managed Care: All HMOs and PPOs and many fee-for-service plans have managed care. These are ways to manage costs, use and quality of the health care system.

Maximum Out-of-Pocket Expenses: The most money you will be required to pay in a year for deductibles and co-insurance. It is a stated dollar amount set by the insurance company, in addition to regular premiums. The insurance will pay all expenses over that amount.

Non-cancelable Policy: A policy that guarantees you can receive insurance, as long as you pay the premium. It is also called a guaranteed renewable policy.

PPO (Preferred Provider Organization): A combination of traditional fee-for-service and an HMO. When you use the doctors and hospitals that are part of the PPO, a large part of your medical bills are covered. You can use other doctors, but you'll pay more of the bill.

Pre-existing Condition: A health problem that existed before the date your insurance became effective. Your insurance company often will not cover all or any of the new expenses from a condition that you had before you signed up with them.

Premium: The amount you or your employer pays for coverage.

Primary Care Doctor: Usually the first doctor you call for health care. This is often a family physician or internist, and many women use their gynecologist. A primary care doctor monitors your health and diagnoses and treats minor health problems and refers you to specialists if needed. In many plans, care by specialists is paid for only if you are referred by your primary care doctor. An HMO or a POS plan will give you a directory of doctors and you choose your primary care doctor from this list. This means you have to choose a new primary care doctor if your current one doesn't belong to your new plan and doesn't want to join it. PPOs allow members to use primary care doctors outside the PPO network (at a higher cost). Fee-for-service plans allow any doctor to be used.

Provider: Any person (doctor, nurse, dentist) or institution (hospital or clinic) that provides medical care.

deducible y co-seguro. Puede pedirle a su doctor que acepte el pago de la aseguradora como pago completo o puede buscarse a otro doctor. De otra manera tendría que pagar la diferencia usted mismo.

Deducible: es el monto de dinero que tiene que pagar cada año por sus gastos de cuidados médicos antes que su seguro comience a pagar.

Exclusiones: ciertas condiciones y circunstancias donde la póliza no ofrece beneficios. Éstos estarán enumerados en su póliza.

HMO (Organización de Mantenimiento de Salud) por sus siglas en Inglés HMO o "Health Maintenance Organization": plan de salud prepagado. Paga una cuota mensual y el HMO cubre sus visitas médicas, permanencia en el hospital, cuidados de emergencias, operaciones, chequeos, exámenes de laboratorios, rayos-x y terapia. Tiene que usar los doctores y hospitales designados por HMO o ellos no pagarán nada.

Manejo de cuidado médico: todos los HMO y PPO y muchos planes de pago por servicio tienen manejo de cuidado médico. Estas son maneras de disminuir costos y cuidar la calidad del sistema de salud.

Gastos máximos de su bolsillo: el dinero máximo que podría gastar por año en deducible y co-seguro. Es un monto en dólares establecido por la compañía de seguro, en adición a las cuotas mensuales. El seguro pagará todos los gastos sobre ese monto.

Póliza no cancelable: una póliza que garantiza que usted puede obtener seguro, siempre y cuando pague las cuotas. También se llama póliza de renovación garantizada.

PPO (Organización de Proveedor Preferido) del inglés (Preferred Provider Organization): Es una combinación de tarifa por servicio tradicional y un HMO. Cuando usted use los doctores y hospitales que son parte de PPO, una gran parte de sus cuentas médicas están cubiertas. Puede usar otros doctores, pero pagaría más Usted mismo.

Condiciones preexistentes: un problema de salud que existía antes de la fecha en que el seguro tomó efecto. Su compañía de seguro muchas veces no cubrirá todo o parte de los nuevos gastos de una condición preexistente antes de que se cambiara con ellos.

Prima: el monto que usted o su empleador paga por la cobertura.

Doctor de Cuidado Primario (General): usualmente es el primer doctor que usted llama para sus cuidados médicos. A veces el doctor de la familia o internista y muchas mujeres usan su ginecólogo. El doctor general chequea su salud, diagnostica, trata problemas menores de salud y le refiere un especialista si lo necesita. En muchos planes, el cuidado por un especialista es pagado solamente si usted ha sido referido por su doctor general. Un plan de HMO o POS le ofrecerá un directorio de doctores y usted puede escoger su doctor general de ese listado. Eso significa que tiene que escoger un nuevo doctor general si su doctor actual no pertenece a su plan nuevo y no quiere afiliarse a éste. PPO permite que sus miembros usen su doctor general fuera de la red de PPO (a un costo más alto). El plan de tarifa por servicio permite

Third-Party Payer: Any payer for health care services other than you. This would be an insurance company, an HMO, a PPO, the federal government or possibly your employer.

Group Insurance Plans

Most Americans get health insurance through their jobs or are covered because a family member has group insurance at his or her job. Group insurance is generally the least expensive kind because the insurance company gives a better rate when there are many people in the group. In many cases, the employer pays part of the cost.

Some employers offer only one health insurance plan. Some offer a choice of plans; a fee-for-service plan, a health maintenance organization (HMO) or a preferred provider organization (PPO). Employers with 25 or more workers are required by federal law to offer employees the chance to enroll in an HMO.

If you or your family member leaves the job that has the health insurance coverage, you will lose that group coverage. It might be possible to keep the same policy, but you will have to pay for it yourself. This will definitely cost you more than group coverage for the same, or less, protection. A federal law makes it possible for most people to continue their group health coverage. This law is called COBRA (Consolidated Omnibus Budget Reconciliation Act of 1985) and requires that if you work for a business of 20 or more employees and leave your job or are laid off, you can continue to get health coverage for at least 18 months. You will be charged a higher premium than when you were working, but it is generally cheaper than if you try to get insurance on your own, because you are still getting the advantage of the group you were in.

You also will be able to get insurance under COBRA if your spouse was covered and you are widowed or divorced now. If you were in school and were covered under your parent's group plan, you can also continue in the plan for up to 18 months under COBRA until you find a job that offers you your own health insurance.

Small businesses might not offer health insurance and if you work part-time for any size business, you might not be able to get group insurance either. If your employer doesn't offer health insurance, you can sometimes get group insurance through membership in a labor union, professional association, club or other organization.

Individual Insurance Plans

If your employer doesn't offer group insurance, or if the insurance they offer is not very good, you can buy an individual policy. You can get HMO, PPO or POS protection. Compare companies very carefully

que vaya a cualquier doctor.

Proveedor: cualquier persona (doctor, enfermera, dentista) o institución (hospital o clínica) que brinda cuidados médicos.

Pagador, tercera-persona: cualquier pagador de los servicios de cuidado médico que no sea usted. Este sería la compañía de seguro, un HMO, un PPO, el gobierno federal o posiblemente su empleador.

Planes de Seguro Colectivo (Grupo)

Muchos americanos obtienen seguro de salud a través de sus trabajos o tienen cobertura porque un miembro de su familia tiene seguro colectivo (de grupo) en su trabajo. El seguro colectivo (de grupo) es generalmente el tipo menos costoso porque la compañía de seguro da un mejor precio cuando hay muchas personas en el grupo. En muchos casos, el empleador paga parte del costo.

Algunos empleadores ofrecen un plan de seguro de salud solamente. Algunos ofrecen una variedad de planes, un plan de tarifa por servicio un plan de mantenimiento de salud (HMO) o un plan de organización de proveedor preferido (PPO). A los empleadores con 25 o más trabajadores se les requiere, por las leyes federales, ofrecer a sus empleados la oportunidad de registrarse en un plan HMO.

Si usted o miembros de su familia dejan el trabajo que tiene la cobertura del seguro de salud, usted perderá la cobertura de grupo. Podría ser posible que mantenga la misma póliza, pero usted mismo tendrá que pagar por ello. Esto definitivamente le costará más que la cobertura de grupo para la misma o menor protección. Una ley federal hace posible para muchas personas continuar con la cobertura de grupo de salud. Esta ley llamada COBRA por sus siglas en Inglés que significan (Consolidated Omnibus Budget Reconciliation Act of 1985) requiere que si usted trabaja para un negocio de 20 o más empleados y deja su trabajo o hacen una reducción de empleados, usted puede continuar obteniendo cobertura de salud por lo menos por 18 meses. Se le hará un cargo mayor que cuando estaba trabajando, pero es generalmente más barato que si usted trata de obtener una cobertura por su cuenta, porque sigue recibiendo la ventaja del grupo en el que estaba.

Usted también podrá obtener cobertura bajo COBRA si su esposa está cubierta y usted ahora es viudo o divorciado. Si usted está en la escuela y estuviese cubierto bajo el plan de grupo de sus padres, usted puede continuar en este plan hasta 18 meses bajo COBRA hasta que encuentre un trabajo que le ofrezca su propio seguro de salud.

Los negocios pequeños pueden no ofrecer seguro de salud y si usted trabaja medio tiempo para cualquier empresa no podrá obtener seguro de grupo de salud. Si su empleador no le ofrece seguro de salud, algunas veces usted puede obtener coberturas de grupo a través de su membresía en su sindicato laboral, asociación profesional, club u otra organización.

because coverage and costs vary. Individual plans often don't have benefits as broad as those found in group plans.

When Shopping for Individual Insurance

Shop very carefully, policies differ widely in coverage and cost. Contact different insurance companies, or ask the sales agent to show you policies from several insurers so you can compare them.

Learn how much the monthly premium is, what the deductible is and if there is a lifetime cap on the coverage. Be sure you know what is covered and what is not covered. Find out if prescriptions are covered and if a medical condition you might already have is covered.

Make sure the policy protects you from large medical costs. Read the policy carefully and be sure you understand it. Make sure it provides the kind of coverage that is right for you. You don't want unhappy surprises when you are sick or in hospital.

Check that the policy states the date the policy will begin paying, because some have a waiting period before coverage begins.

Beware of single disease insurance policies. There are some policies that offer protection for only one disease, such as cancer. If you already have health insurance, your regular plan probably already provides all the coverage you need. Check to see what coverage you have in your regular plan before buying any more insurance.

To find out about individual health insurance plans, you can call insurance companies in the Yellow Pages or ask the agent who handles your car or house insurance for recommendations.

Planes de Seguro Individual

Si su empleador no ofrece seguro de grupo o si la cobertura que ofrece no es muy buena, usted puede comprar una póliza individual. Puede obtener protección de HMO, PPO o POS. Compare las compañías muy cuidadosamente porque la cobertura y el costo varían. Muchas veces, los planes individuales no tienen beneficios amplios tales como los que se encuentran en seguros de grupo.

Cuando Busque un Seguro Individual

Compre muy cuidadosamente, las pólizas se diferencian ampliamente en costo y cobertura. Contacte diferentes compañías de seguros ó pídale al agente de ventas que le muestre pólizas de algunos asegurados para que usted las pueda comparar.

Aprenda cuales son sus cuotas mensuales, cuales son los deducibles y si hay límite de por vida en la cobertura. Asegúrese de saber qué le cubre y qué no le cubre. Averigüe si la receta médica la cubre el seguro y si las condiciones médicas previas también están cubiertas.

Asegúrese de que la póliza lo proteja de costos médicos mayores. Lea la póliza cuidadosamente y asegúrese de entenderla. Cerciórese que le dé el tipo de cobertura que es mejor para usted, ya que no quiere sorpresas inoportunas cuando esté enfermo o en el hospital.

Verifique que la póliza indique la fecha en que ésta comenzará a pagar, ya que algunas tienen un período de espera antes de que la cobertura sea efectiva.

Debe tener cuidado con las pólizas de seguro de una sola enfermedad. Hay algunas pólizas que solo ofrecen protección para un tipo de enfermedad, tal como el cáncer. Si usted ya tiene Seguro de salud, su plan regular probablemente provee la cobertura que usted necesita. Verifique qué tipo de cobertura usted tiene en su plan regular antes de comprar cualquier otro seguro.

Averigüe sobre los planes de seguro de salud individual, usted puede llamar a las compañías de seguro de las páginas amarillas o pregúntele al agente que maneja el seguro de su carro o casa para que le dé recomendaciones.

Managed Care Plans

When you are learning about health insurance, you will often hear the term "managed care". It is a way for insurers to help control costs, so it influences how much health care you use. For example, a managed care plan usually requires that you receive approval from your insurance company before you are admitted to hospital, to make sure that the hospitalization is needed. If you go to the hospital (unless it is a real emergency) without this approval, the insurance company might not pay the hospital bill.

Fee-for-Service Plans

Fee-for-Service is the traditional kind of health care policy. Insurance companies pay certain fees for the care provided to its customers. This type of health insurance lets you choose any doctor you want and change doctors any time. You can go to any hospital in any part of the country.

You pay a monthly premium and the insurer pays part of your doctor and hospital bills. The way these policies pay is complicated and might be hard to understand.

You pay a certain amount (the deductible) of the medical costs each year before the insurance starts paying any of your bills. In a typical plan, the deductible might be $250 for each person in your family, with a family deductible of $500. The family deductible is reached when at least two people in the family have reached the individual deductible. The deductible requirement applies each year of the policy: it starts again at $0 each year. Only those expenses covered by the policy count toward your deductible. Read your policy and find out which ones are covered: if they aren't covered, they don't count toward your deductible.

After you have paid your deductible amount for the year, the insurance company shares the costs with you. Often you pay 20 percent while the insurer pays 80 percent. Your portion is called co-insurance.

To receive payment for fee-for-service claims, you will have to fill out forms and send them to your insurance company, unless your doctor's office will do this for you. You are responsible for keeping track of your own medical expenses and will have to keep receipts for drugs and other medical costs.

If you and your spouse have different insurance plans, you can't make a claim to both. A "coordination of benefits" clause usually limits benefits under two plans to no more than 100 percent of the claim. So, if one plan pays 80%, the other would pay the 20% the first plan doesn't pay.

Most fee-for-service plans have a "cap", the most you will have to pay for medical bills in any one year. You reach the cap when your out-of-pocket expenses (your deductible plus your co-insurance) total a certain

Manejo de Planes de Cuidado Médico

Cuando está aprendiendo acerca de seguros de salud, a menudo escuchará el término "manejo de cuidado médico" que proviene del inglés "Managed Care". De esta manera los aseguradores se ayudan a controlar los costos, por lo tanto esto influye en cuánto cuidado médico reciba. Por ejemplo, el manejo de plan de cuidado médico usualmente requiere que reciba aprobación de su compañía de seguros antes de que sea admitido al hospital, para asegurarse que la hospitalización es necesaria. Si va al hospital (al menos que sea una verdadera emergencia) sin la aprobación, la compañía de seguro podría no pagar la cuenta del hospital.

Planes de Tarifa por Servicio

Tarifa por servicio es el tipo de póliza tradicional de cuidado médico. Las compañías de seguros pagan ciertas tarifas por el cuidado proveído a sus clientes. Este tipo de seguro de salud le deja escoger cualquier doctor que usted quiera y cambiarlos cuando le parezca. Puede ir a cualquier hospital en cualquier parte del país.

Usted paga un monto mensual y la aseguradora paga parte de su cuenta médica y de hospital. La manera que estas pólizas pagan es complicada y sería muy difícil entenderla.

Usted paga cierto monto (el deducible) del costo médico cada año antes que el seguro comience a pagar sus cuentas. En un plan típico, el deducible seria $250 por cada persona en su familia, con un deducible familiar de $500. El deducible familiar comienza cuando por lo menos dos personas en la familia han llegado al deducible individual. El requerimiento del deducible aplica anualmente en póliza: comienza de nuevo en cero cada año. Solamente los gastos cubiertos por la póliza cuentan en el deducible. Lea su póliza y busque cuales están cubiertos: si no están cubiertos, ellos no cuentan en su deducible.

Después que haya pagado el monto de su deducible por año, la compañía de seguro comparte los costos con usted. A veces usted paga 20 por ciento, mientras la aseguradora paga el 80 por ciento. Su porción se llama co-seguro.

Para recibir pagos de reclamos por tarifa por servicio, tendrá que llenar unas planillas y enviárselas a la compañía de seguro, a menos que la oficina de su doctor lo haga por Usted. Usted es responsable por mantener los registros de sus gastos médicos y tendrá que conservar los recibos de las medicinas y demás gastos.

Si usted y su cónyuge tienen planes diferentes de seguro, no puede hacer el reclamo a ambos. Una cláusula de "coordinación de beneficios", usualmente limita los beneficios bajo los dos planes a no más de 100 por ciento del reclamo. Por lo tanto, si un plan paga 80%, el otro paga el 20% restante.

Muchos planes de tarifa por servicio tienen un "límite". Lo máximo que tendrá que pagar por cuentas médicas en el período de un año. Usted llega al límite cuando los gastos de su bolsillo (su deducible más su co-seguro) totalicen un cierto monto. Podría ser tan bajo como $1.000 o tan alto como

amount. It may be as low as $1,000 or as high as $5,000. The insurance company then pays the full amount (over the cap) for the items your policy says it will cover. The cap does not include what you pay for your monthly premium. Plans with a higher cap and a higher deductible have lower premiums than others.

Some services are limited or not covered at all. Check if there is preventive care coverage such as immunizations and well-child care.

The two kinds of fee-for-service coverage are "basic" and "major medical". Basic protection pays toward the costs of a hospital room and care while you are in the hospital. It covers some hospital services and supplies, such as x-rays and prescribed medicine. Basic coverage also pays toward the cost of surgery, whether it is performed in or out of the hospital and also pays for some doctor visits.

Major medical insurance takes over where your basic coverage stops. It covers the cost of long, expensive illnesses or injuries.

Some policies combine basic and major medical coverage into one plan, often called a "comprehensive plan." Check your policy to make sure you have both kinds of protection.

Health Maintenance Organizations (HMO)

Health Maintenance Organizations are prepaid health plans. You pay a monthly premium and the HMO covers medical care for you and your family. It pays doctors' visits, hospital stays, emergency care, surgery, laboratory (lab) tests, x-rays and therapy.

The HMO arranges for this care through doctors and other health care professionals who have a contract with them. The choice of doctors and hospitals is limited to those that have contracts with the HMO, but exceptions can be made in emergencies or when medically necessary.

There will probably be a small co-payment, possibly $5, for each doctor's office visit and about $25 for hospital emergency room treatment. Your total medical costs will almost certainly be lower and more predictable in an HMO than with other types of insurance.

Because HMOs receive a fixed amount for your covered medical care, it is important to them to make sure you get necessary basic health care and not allow your problems to become serious. HMOs usually provide preventive care; office visits, immunizations, well-baby checkups, mammograms and physicals. The range of covered services varies, so it is very important to compare plans if you have a choice. Some services, such as physical therapy, often are provided only on a limited basis.

Many people prefer HMOs because they only have to show a membership card at the doctor's office or hospital and don't need claim forms. A disadvantage of an HMO is that you may have to wait longer for

$5.000. La compañía de seguro entonces paga el monto completo (sobre el límite) de los servicios que su póliza dice que cubrirá. El límite no incluye lo que usted paga por sus pagos mensuales. Planes con límites y deducibles altos, tienen costos más bajos que los otros.

Algunos servicios son limitados o no están cubiertos. Verifique si tiene cobertura de cuidado preventivo tales como inmunizaciones y cuidado médico de niño.

Los dos tipos de tarifa por servicios son "básicos" y "médico mayor". La protección básica paga el costo de la habitación del hospital y el cuidado mientras permanezca en el mismo. Cubre algunos servicios de hospitales, suministro de rayos-x y medicinas prescritas. La cobertura básica también paga el costo de cirugía, ya sea hecha en el hospital o fuera y también paga por algunas visitas al médico.

El seguro médico mayor cubre cuando la cobertura básica se acaba. Paga el costo de enfermedades o males prolongados.

Algunas pólizas combinan cobertura básica y mayor en un solo plan, llamado a menudo "plan comprensivo". Revise su póliza para asegurarse que tiene ambos tipos de protección.

Organización de Mantenimiento de Salud (HMO)

La Organización de Mantenimiento de Salud (HMO) ofrece planes de salud prepagados. Usted paga un monto mensual y el HMO cubre el cuidado médico para usted y su familia. Pagará visitas médicas, permanencia en el hospital, cuidado de emergencia, cirugía, exámenes de laboratorios, rayos-x y terapia intensiva.

El HMO coordina éste cuidado médico a través de doctores y otros profesionales del cuidado de la salud contratados por ellos. La selección de doctores y hospitales es limitada a los que tienen contrato con la HMO, pero se pueden hacer excepciones en casos de emergencias o cuando se necesite médicamente.

Habrá probablemente un co-pago, posiblemente $5, por cada visita médica y cerca de $25 por tratamiento en la sala de emergencias del hospital. Su costo médico total será ciertamente más bajo y más predecible en un plan de HMO que con otros tipos de seguro.

Como la HMO recibe un monto fijo por su cobertura de cuidado médico, es importante para ellos asegurarse de que usted obtenga atención médica básica y no permitir que sus problemas lleguen a ser serios. La HMO usualmente proporciona cuidado preventivo, consultas médicas, vacunas, cuidado infantil, mamografías y chequeo general. El rango de la cobertura de servicio varía, así que es muy importante comparar los planes si tiene una opción. Algunos servicios, tales como fisioterapia, a menudo son proveídos solamente con un límite básico.

Mucha gente prefiere las HMO porque solo tienen que mostrar en la oficina del doctor u hospital una tarjeta de membresía y no necesitan completar formas de reclamo. Una desventaja del HMO es que tiene que esperar más por una cita que lo que esperaría con otros planes.

an appointment than you would with the other plans.

In an HMO, you are assigned or choose one doctor from their list, to serve as your primary care doctor. This doctor provides most of your care and refers you to specialists and other health care professionals if needed. You usually can't see a specialist without a referral from your primary care doctor. This is how HMOs manage your care and their expenses.

If you change jobs or insurance companies, you may have to change doctors. If that happens, ask your doctor if he or she participates in the new plan or will join it.

Before choosing an HMO, talk to people you know who are enrolled in the one you are considering. Ask them how they like the services and care given. Many people love HMOs and many hate them.

Point-of-Service Plans (POS)

Many HMOs offer an indemnity-type option known as a POS plan. In a POS plan, the primary care doctor tries to make referrals to other providers in the plan. If the doctor makes a referral out of the network, the plan pays all or most of the bill.

If you decide to go to a doctor outside the network and the medical service is covered by the plan, you will have to pay co-insurance. They want you to use doctors in their network, but in a POS plan, you can go to doctors not in the plan and still get some coverage.

Preferred Provider Organizations (PPO)

The Preferred Provider Organization (PPO) is a combination of traditional fee-for-service and an HMO. There is a list of doctors and hospitals to choose from, like an HMO and when you use those preferred providers, most of your medical bills are covered.

When you use doctors in the PPO, you present a card and you don't fill out claim forms. For some services, you may have to pay a deductible and co-insurance and usually there is a small co-payment ($10-$20) for each visit. The amount you pay for a prescription is often $10-$15.

Just like in an HMO, a PPO requires you to choose a primary care doctor to manage your health care. Most PPOs cover preventive care, which usually includes visits to the doctor, physicals, well-baby and well-child care, immunizations and mammograms.

In a PPO, you can use doctors who are not on the list your plan gives you and it will still pay part of the claims. With these doctors, you will pay a larger portion of the bill yourself (and fill out the claim forms). Some people like this option because even if their favorite doctor or specialist is not a part of the network, it means they do not have to change doctors to join a PPO.

En la HMO le asignan o escogen a un doctor de su listado para servirle como su doctor de cuidado primario (medicina general). Este doctor provee la mayor parte de su cuidado y lo refiere a especialistas u otros profesionales de cuidado de salud si lo necesita. Usualmente no puede ver a un especialista sin una referencia de su doctor de cuidado primario. Así es como los HMO dirigen su cuidado y sus gastos.

Si se cambia de trabajo o compañía de seguro, puede que tenga que cambiar de doctor. Si esto sucede, pregúntele a su doctor si él o ella participan en el nuevo plan o si se afiliará.

Antes de escoger una HMO, hable con la gente que la conoce o con quienes estén registrados en el plan que está considerando. Pregúnteles cómo les parece el servicio y el cuidado que le dan. A mucha gente le gusta la HMO y a otras no.

Planes de Punto-de-Servicio (POS)

Muchos HMO ofrecen un tipo de opción compensatoria conocida como Punto de Servicio por sus siglas en inglés (POS) que significan "Point-of-Service Plan". En un POS, el doctor de cuidado primario (medicina general) trata de hacer referencias hacia otros proveedores en el plan. Si el doctor hace una referencia fuera de la red, el plan paga toda o casi toda la cuenta.

Si decide ir a un doctor fuera de la red y el servicio médico está cubierto por el plan, tiene que pagar co-seguro. Ellos quieren usar doctores en su red pero, en un plan POS, puede ir a doctores que no estén en el plan y todavía obtener alguna cobertura.

Organización de Proveedores Preferidos (PPO)

La organización de Proveedores Preferidos, por sus siglas en inglés (PPO) que significan "Preferred Provider Organization" es una combinación tradicional de tarifa por servicio y una HMO. Hay una lista de doctores y hospitales a escoger, como en la HMO, y cuando use esos proveedores preferidos la mayoría de sus cuentas médicas estarán cubiertas.

Cuando use doctores en el PPO, presente su tarjeta y no deberá llenar formas de reclamo. Para algunos servicios tiene que pagar un deducible, un co-seguro y, usualmente, hay un pequeño co-pago ($10-$20) por cada visita. La cantidad que paga por una prescripción es a menudo $10-$15.

Así como en una HMO, un PPO requiere que elija a un doctor de cuidado primario para administrar el cuidado de su salud. La mayoría de los PPO cubren los cuidados preventivos, los cuales usualmente incluyen visitas al doctor, chequeos generales, cuidados del bebé y niños, inmunizaciones y mamografías.

En un PPO Usted puede usar doctores que no estén en el listado de su plan y aún así el seguro cubrirá parte de los gastos. Con estos doctores Usted pagará una gran parte de la factura por su cuenta (llene las formas de reclamo). A algunas personas les gusta esta opción porque si su doctor o especialista favorito no pertenece a la red, significa que no tendrán que cambiar de doctor para afiliarse al PPO.

Choosing Your Health Insurance Plan

After you understand the benefits that are available and decide what benefits you are interested in, compare the plans. You should think about the services that are offered, choice and location of the doctors' office and the costs and quality of care.

You can't know exactly what your health care needs for the next year will be, but you can guess what care you and your family might need. Estimate what the total costs would be for those services under each plan.

Understanding health insurance can be very difficult. There are many plans available, and deciding which one is best for you is not easy. You won't ever find one that is perfect, but you should be able to find one that does most of what you and your family need.

What Benefits are Offered?

Most plans provide basic medical coverage, but the best plan for other people might not be the best plan for you. Check each plan you are considering and find out how it handles the following:

Physical exams and health screenings (breast exams, Pap smears, etc.).
Specialists.
Hospitalization and emergency care.
Prescription medications.
Preventive care (shots for children and flu shots for the elderly).
Vision care.
Dental services.
Mental health care and counseling.
Drug and alcohol abuse programs.
Obstetrical-gynecological care and family planning.
Care for long-term diseases, conditions or disabilities.
Physical therapy and other rehabilitation.
Home health, nursing home and hospice care.
Chiropractic or alternative health care.

How Do You Check Quality?

It is hard to measure quality, but information to assist you is available. Whatever kind of plan you are considering, you can check out individual doctors and hospitals.

Many managed care plans are regulated by federal and state agencies. Indemnity plans are regulated by state insurance commissions. The Department of Health or Insurance Commission in the capital city of your state can tell you about any plan you are interested in. Look in the State Government part of your telephone book.

You can also talk to current members of the plan. If the plan is offered

Escogiendo Su Plan de Seguro de Salud

Después que comprenda los beneficios disponibles y decidir en cual está interesado, compare los planes. Deberá pensar acerca de los servicios que son ofrecidos, elección y localización de los consultorios médicos, costos y la calidad del cuidado.

No podrá saber exactamente qué cuidado de salud va a necesitar para el próximo año, pero puede estimar qué cuidado usted y su familia pueden necesitar. Estime cual sería el costo total para esos servicios bajo cada plan.

Comprender los seguros de salud puede ser muy difícil. Hay muchos planes disponibles y la decisión de escoger cual es el mejor para usted no es fácil. Nunca encontrará alguno que sea perfecto, pero puede conseguir alguno que tenga lo que usted y su familia necesiten.

¿Qué Beneficios Ofrecen?

Muchos planes proveen cobertura básica médica, pero el mejor plan para otra persona pueda que no sea el mejor para Usted. Revise cada plan que está considerando y averigüe como paga o cubre lo siguiente:

Exámenes físicos y chequeo de salud (exámenes de seno, Papanicolau, etc.).
Especialistas.
Hospitalizaciones y cuidado en emergencias.
Prescripciones médicas.
Cuidados preventivos (vacunas para niños y vacunas de influenza para ancianos).
Cuidado de la visión.
Servicios dentales.
Cuidado de salud mental y terapia.
Programas de abuso de droga y alcohol.
Cuidados de obstetricia-ginecología y planificación familiar.
Cuidados de enfermedades de largo plazo o incapacidades.
Fisioterapia y otras rehabilitaciones.
Cuidado médico en la casa, ancianato y cuidados médicos de enfermedades terminales.
Quiropráctico o cuidados de salud alternativa.

¿Cómo se Debe Chequear la Calidad?

Es difícil medir la calidad, pero hay información disponible. En cualquier tipo de plan que esté considerando se puede investigar a los doctores individuales y hospitales.

Muchos planes de manejo de cuidado de salud están regulados por agencias federales y estatales. Los planes de compensación son regulados por el estado, por el comisionado de seguros. El departamento de salud o comisionado de seguros en la capital de su estado le puede informar acerca de cualquier plan que usted esté interesado. Busque en la sección del gobierno estatal en su guía telefónica.

at work, ask your co-workers how they like the plan, ask them about their experiences, such as waiting times for appointments, the helpfulness of medical staff, the services offered and the care they receive.

Choosing a Doctor

Your doctor could be a very important part of your life, so it is important to choose carefully from the doctors who are available to you.

Managed care plans have their own rules. In some plans you'll have to choose from certain doctors: in other plans, doctors may be part of a network and you'll pay less if you use them. Ask your plan for the directory of providers. Doctors in a directory provided to you by the managed care plan usually will take new patients. If you can't find a doctor that is accepting new patients, check your state Medical Board or Board of Medical Examiners, you can find them listed in your telephone book in the state section, or call 411.

You can check on a doctor's experience by asking the managed care plans and medical offices for information about the doctor. Or you can look up basic information about doctors in the Directory of Medical Specialists, available at your local library. The American Medical Association has information about physicians on the Internet. Their website address is www.ama-assn.org.

You might want to know if the doctor is board certified, which means the doctor has completed several years of training and passed an exam in a specialty. All doctors have to be licensed to practice medicine, some also are board certified. The website of the American Board of Medical Specialties has information, too. Their website address is www.abms.org.

To find out if any complaints have been filed against a doctor, call your State Medical Licensing Board. Call 411 for the phone number, the office is probably in the capital city of your state.

Once you have gotten your choices down to two or three doctors, you can set up "get acquainted" appointments with them if you want. Ask what they charge for these visits. During these appointments ask the doctors any questions you have about their service and how they handle any health problems you have. This appointment is not to get medical advice: it is for you to interview the doctor.

Get the Best Service from Your Plan

Read your health insurance policy and member handbook and make sure you understand the benefits, coverages and limits. The sales brochures help, but they don't give you the whole story.

Ask your plan if it has a newsletter and subscribe to it.

If you get your insurance through work, talk to your human resources

También puede hablar con los miembros actuales del plan. Si el plan es ofrecido en el trabajo, pregúntele a sus compañeros de trabajo si les gusta el plan. Pregúnteles acerca de sus experiencias, tales como tiempo de espera por citas médicas, la amabilidad del personal médico, los servicios que ofrecen y el cuidado que reciben.

Escogiendo a un Doctor

Su doctor es una parte muy importante de su vida, por lo tanto es importante escoger cuidadosamente entre los doctores que estén disponibles para usted.

El plan de manejo de cuidado médico tiene sus propias reglas. En algunos planes tiene que escoger a ciertos doctores. En otros planes, los doctores pueden ser parte de una red y usted paga menos si lo usa. Pídale a su plan el listado de proveedores. Averigüe si los doctores que se encuentran en el listado que el plan de manejo de cuidado médico le dio aceptan pacientes nuevos. Si no puede encontrar un doctor que esté aceptando pacientes nuevos, averigüe con la Junta Médica o la Junta Médica de Examinadores. Los puede encontrar en el listado de la guía telefónica en la sección del estado o llamando al 411.

Usted puede chequear la experiencia de un doctor preguntándole al plan de manejo de cuidado médico y oficinas médicas. Puede buscar información básica acerca de doctores en el Directorio de Especialistas Médicos, disponible en su biblioteca local. La Asociación Médica Americana tiene información acerca de los médicos en el Internet. La dirección de Web es www.ama-assn.org.

Usted debería saber si el doctor está certificado por la junta médica, lo que significa que el doctor ha completado varios años de entrenamiento y ha pasado un examen en una especialidad. Todos los doctores tienen que tener licencia para practicar medicina. También puede obtener información en la página de Internet de la Asociación de Especialidades médicas: www.abms.org.

Para averiguar si se han presentado quejas en contra de un doctor, llame a la Junta del Estado de Licencias Médicas. Llame al 411 para el número de teléfono. La oficina estará probablemente en la ciudad capital de su estado.

Una vez que haya reducido sus alternativas a dos o tres doctores, si quiere, puede pedir una cita "para conocerse mutuamente" con ellos. Pregunte cuánto cobran por esa visita. Durante la visita hágale al doctor cualquier pregunta que tenga acerca de su servicio y como manejaría un problema de salud que usted tenga. Esta cita no es para obtener consejo médico, es para entrevistar al doctor.

Obtenga el Mejor Servicio de Su Plan de Seguro

Lea su póliza de seguro de salud y el folleto de membresía y asegúrese que entienda los beneficios, coberturas y límites. Los volantes de venta ayudan, pero no le dan toda la historia.

department to learn more details about your policy.

Ask your doctor about regular screenings and about the risks and benefits of tests and treatments.

Make sure you understand and can follow the doctor's instructions. If you are concerned about understanding English, take someone else with you to translate for you or take notes to help you understand.

Ask questions and if you don't understand the answers, ask again. The doctor is working for you: find a different doctor if you don't get clear answers from this one.

Write down your questions and concerns. Keep a file or envelope for you and each of your family members. Include dates of shots, illnesses, treatments, prescriptions and hospital visits. This will help you explain any health problems when you meet with your doctor. Ask for copies of lab results and keep them in the file.

Keep a list of your medicines: write down any side effects and other problems such as other drugs and foods that shouldn't be taken at the same time. An information sheet comes with all prescriptions, read and keep that information. If you lose it, ask your pharmacist for another one.

Getting Care When You Need It

Learning what your health plan will do for you and how it works are important steps to getting the care you need. Ask all the questions you can think of, you are the customer and have a right to get answers.

Ask if there is a toll-free advice hotline. Some plans have this telephone service that helps members decide how to solve a problem and they may not need to see a doctor if they follow this advice.

Recent research has shown that millions of Americans don't get the treatments they need. At the same time many others receive treatments that are unnecessary, expensive or even harmful to their health.

Now you see why it is important to work closely with your doctor when medical decisions have to be made. Make sure your doctor knows your questions, fears, concerns and preferences. Don't be afraid to ask the doctor all your questions. It is your right to ask and to get answers you can understand.

Pregunte a su plan si tienen un boletín y subscríbase.

Si obtiene su seguro a través del trabajo, hable con el departamento de personal para aprender más detalles acerca de su póliza.

Pregúntele al doctor acerca de chequeos regulares y acerca de los riesgos y beneficios de los exámenes.

Asegúrese que entienda y que pueda seguir las instrucciones del doctor. Si está preocupado por no entender el inglés, lleve a alguien para que le interprete o tome notas para ayudarlo a comprender.

Haga preguntas y, si no entiende, pregunte de nuevo. El doctor está trabajando para usted. Si el doctor que tiene no le da respuestas claras consígase un doctor diferente.

Escriba sus preguntas y preocupaciones. Mantenga un archivo o sobre para usted y cada miembro de la familia. Incluya fechas de vacunas, enfermedades, tratamientos, prescripciones y visitas al hospital. Esto le ayudará a explicar cualquier problema de salud cuando vaya a lo de su doctor. Pida copias de sus resultados de laboratorio y manténgalos en su archivo.

Mantenga una lista de sus medicinas. Escriba cualquier efecto secundario u otros problemas tales como medicinas y comidas que no se deben tomar al mismo tiempo. Una hoja de información viene con todas las prescripciones médicas. Léalas y conserve esa información. Si la pierde, pídale otra a su farmacéutico.

Obteniendo Atención Médica Cuando la Necesite

Aprender lo que su plan de salud hará por usted y como trabaja son pasos importantes para obtener el cuidado que necesita. Haga todas las preguntas que pueda pensar, usted es el cliente y tiene derecho a obtener respuestas.

Pregunte si hay una línea de llamadas gratis para consejos. Algunos planes tienen este servicio telefónico para ayudar a los miembros a decidir como resolver el problema y, probablemente, eviten ver al doctor si siguen ese consejo.

Estudios recientes han mostrado que millones de americanos no obtienen los tratamientos que necesitan. Al mismo tiempo muchos otros reciben tratamientos innecesarios, costosos o dañinos para su salud.

Ahora se da cuenta por qué es importante trabajar en conjunto con su doctor cuando haya que tomar decisiones médicas. Asegúrese que su doctor escuche sus preguntas, miedos, preocupaciones y preferencias. No tenga miedo de hacerle al doctor todas las preguntas. Es su derecho preguntar y obtener respuestas que pueda entender.

Insurance Rules – Before You Go to Hospital

The most important time to find out what rules your plan has about hospital care is *before* you need it. If you don't follow the rules on hospitalization, the cost of your hospital care may not be covered.

Planned Hospitalizations

Unless it is a medical emergency, your health insurance plan or primary care doctor usually has to give advance approval or a pre-admission certification, for you to go to the hospital. Ask these questions:

What hospitals can I go to?

Is there a limit on how long I can stay in the hospital? Who decides when I can leave (doctor or insurance plan)?

If a nursing home or home health care is needed when I am released from hospital, will it be covered by the plan?

Ask if your plan encourages getting a second doctor's opinion if surgery or another treatment is needed. Ask who pays for the second doctor's examination.

Emergency or Urgent Care

If you have an actual medical emergency, you should call 911 and go to the nearest hospital as fast as possible. Don't worry if it is the hospital that is in your insurance plan directory.

But it is important for you to know ahead of time what kinds of medical problems are classified real emergencies and how to arrange for ambulance service, if you need one. Most plans have to be told within a certain number of hours after emergency *admission* to a hospital. If the hospital you are taken to is not part of your plan, you might be transferred to a network hospital when you are well enough to be moved.

You don't want to worry about this in the middle of an emergency, so find out the answers to these questions *before* you need them:

How does the plan handle urgent care after normal office hours?

How do I get urgent care or hospital care if I am away from the area where I live?

How do I notify the insurance company? How soon after I get the care do I have to notify them?

Which conditions or injuries are considered "emergencies" and which are considered "urgent"?

Reglas del Seguro – Antes de que Vaya al Hospital

El momento más importante para saber qué reglas tiene su plan acerca del cuidado en el hospital es *antes* de necesitarlo. Si no sigue las reglas en una hospitalización, el costo de su cuidado podría no ser cubierto.

Planificación de Hospitalización

A menos que sea una emergencia médica, su plan de salud o doctor general usualmente tienen que dar la aprobación o un certificado de preadmisión para que pueda ir al hospital.

Haga las siguientes preguntas:

¿A qué hospital puedo ir?

¿Hay un límite en el tiempo que me puedo quedar en el hospital? ¿Quién decide cuando puedo salir (el doctor o el plan de seguro)?

¿Si un ancianato o cuidado de salud en el hogar son necesarios cuando me den de alta en el hospital, estarán cubiertos por el plan?

Pregunte si su plan acepta que busque una segunda opinión médica en caso de requerir una cirugía u otro tratamiento. Pregunte quién paga por esta segunda opinión.

Emergencia o Atención Médica Urgente

Si tiene una verdadera emergencia debe llamar al 911 e ir al hospital más cercano tan pronto como sea posible. No se preocupe si no es el hospital que está en el directorio de su plan de seguro.

Es importante que sepa por adelantado qué tipo de problemas médicos están clasificados como verdaderas emergencias y como hacer arreglos para el servicio de ambulancia en caso necesario. Muchos planes requieren que se les avise dentro de cierto número de horas después de la admisión de emergencia al hospital. Si el hospital al que lo están llevando no es parte de su plan, puede que lo transfieran a un hospital de la red cuando esté en condiciones de ser trasladado.

Usted no quisiera preocuparse por lo siguiente en medio de una emergencia, por lo tanto, obtenga las respuestas a estas preguntas antes de que las necesite:

¿Cómo trabaja el plan de cuidado médico urgente después de horario de oficina normal?

¿Cómo obtengo cuidado médico urgente y cuidado de hospital si estoy fuera del área donde vivo?

¿Cómo le notifico a la compañía de seguro? ¿Cuándo tengo que notificarlos después de obtener el cuidado médico?

Urgent care is for problems that are not actual emergencies but still need quick medical attention. Check with your plan to find out what it considers to be urgent care. (A broken bone would usually be an emergency, a serious sprain might be considered urgent and a minor sprain would just need a doctor visit.) Call your doctor or the plan's hotline for advice. Some plans also have urgent care offices for members and they will tell you to go there. If you go to the emergency department for something that really is not an emergency, your plan probably won't pay for it.

What If You Are Unhappy with Your Care?

Understanding how your health plan works, what your rights are and how to file a complaint, are all part of getting the best care and service from your plan.

You are entitled to copies of test results and all medical information about yourself. If you are in a managed care plan and are unhappy with your primary care doctor, you can ask if you can pick a different doctor from their list. If you have the insurance through your job, you might be able to change plans during open enrollment, which usually happens once a year. Your human resources department can tell you when that open enrollment time is.

> *Health insurance is confusing, but very important to have. Take your time and pick one that will take care of your family.*

If your plan refuses to provide or pay for services you need, you can complain about any decision you feel is unfair, or you can appeal it. Most plans have an appeal process that both you and your doctor can use if either of you disagree with the plan's decisions. Contact the member services division of your plan for more information.

Always use your plan's complaint process before taking other action, such as legal actions. Keep written records of all emails, faxes and letters you write to the plan along with your claims forms and copies of your bills. Keep track of all phone conversations with the date and time, the people you talk to and what you talked about during each call.

¿Qué condiciones médicas o lesiones son consideradas como "emergencias" y cuales son consideradas "urgentes"?

El cuidado de urgencia es para problemas que no son una emergencia, pero sí necesitan atención médica rápida. Averigüe con su plan para saber qué se considera cuidado urgente. Un hueso roto usualmente es una emergencia, una torcedura mayor puede ser considerada urgente y una torcedura menor solamente necesitará una visita al doctor. Llame a su doctor o a la línea telefónica para que lo aconsejen. Algunos planes también tienen oficinas de cuidado urgente para miembros y ellos le dirán dónde ir. Si va a la sala de emergencias para algo que en realidad no es considerado como una emergencia, su plan probablemente no pagará por ello.

¿Qué Pasa Si está Descontento con Su Cuidado Médico?

Para obtener el mejor cuidado y servicio de su plan debe entender cómo su plan de salud funciona, cuales son sus derechos y como presentar un reclamo.

Usted tiene derecho a copias de los resultados de los exámenes y de toda la información médica relacionada con su persona. Si usted está en un plan de cuidado dirigido y está descontento con su doctor de cuidado primario (medico general), puede preguntar si puede escoger a un doctor diferente de la lista. Si usted tiene seguro a través de su trabajo, usted podría hacer cambios en los planes durante su proceso de ingreso, el cual sucede usualmente una vez al año. Su departamento de recursos humanos le puede indicar el momento en que se abren estos ingresos.

Si su plan se niega a proveerle o pagarle por los servicios que necesita, usted puede reclamar acerca de cualquier decisión que sienta que es injusta o puede apelarla. Muchos planes tienen procesos de apelación para que ambos, usted y su doctor, puedan usar si están en desacuerdo con las decisiones del plan. Para mayor información contacte a la división de servicios para miembros de plan.

> *El seguro de salud es confuso, pero muy importante de tenerlo. Tómese su tiempo y escoja uno que proteja a su familia.*

Siempre use los procesos para reclamar del plan antes de tomar otra acción tales como las demandas legales. Mantenga registros escritos de todos los correos electrónicos, faxes y cartas que haya enviado al plan conjuntamente con las formas de reclamos y copias de sus facturas. Haga un seguimiento de todas las conversaciones telefónicas con fecha y hora, la gente con quien habló y qué se dijo durante cada llamada.

Other Medical Insurance

There are many other kinds of medical insurance you can buy. Each is for a special circumstance: get all the information you can and decide if your family needs or wants some of these.

Medicare and Medigap

Medicare is the federal health insurance program for Americans age 65 and older and for certain disabled Americans under 65. Medicare has two parts: Part A, which is hospital insurance and Part B, which is supplementary medical insurance. Part B provides payments for doctors and related services and supplies ordered by the doctor. If you are eligible for Medicare, Part A is free, but most people have to pay for Part B.

Medicare will pay for many, but not all, of your health care expenses. Medicare helps pay for in-patient care in hospitals, skilled nursing facilities, hospice care and some home health care. There are special rules regarding when Medicare pays your bills if you have employer group health insurance coverage through your own job or your spouse's.

Medicare usually operates on a fee-for-service basis. HMOs and similar prepaid health care plans are available to Medicare enrollees in some locations.

Some people who are covered by Medicare buy private insurance, called Medigap policies. These pay the medical bills that Medicare doesn't cover (the "gaps"). Some Medigap policies cover Medicare's deductibles, most pay the co-insurance amount and some also pay for health services not covered by Medicare. If you buy a Medigap policy, don't purchase more than one. Shop carefully before deciding on the best policy for your needs, as long as you pay the premiums, it will be renewed each year.

The best information booklets on the Medicare program are available free by calling 1-800-633-4227, including "Guide to Health Insurance for People with Medicare", "Medigap Policies, The Basics", "Your Medicare Rights and Protections" and "Choosing a Medicare Health Plan: A Guide for People with Medicare". You can also contact your local Social Security office for information and materials. Check Medicare's website at www.medicare.gov for more information. There are about 55 publications you can order or download. Most of these publications are printed in English, Spanish, Chinese and braille and there are also audiotapes available.

Otros Seguros Médicos

Hay muchas otras clases de seguros médicos que usted puede comprar. Cada uno es para una circunstancia en especial. Obtenga toda la información que pueda y decida si su familia necesita o desea alguno de ellos.

Medicare y Medigap

El Medicare es el Programa Federal del Seguro de Salud para los estadounidenses mayores de 65 años o incapacidad temporal para los estadounidenses menores de 65 años. El Medicare tiene dos partes: la parte A, la cual es un seguro de hospitalización y la parte B, que es el seguro médico suplementario. La parte B provee pagos para el doctore y los servicios que el doctor solicite. Si usted es elegible para el Medicare, la parte A es gratis, pero la mayoría de las personas tienen que pagar por la parte B.

El Medicare pagará por mucho, pero no todo, de lo relacionado con sus gastos de cuidado de salud. El Medicare ayuda a pagar por la atención inmediata en los hospitales y por los servicios de enfermería, especialidades, cuidados médicos de enfermedades terminales en el hogar y cuidado de salud a domicilio. Hay reglas especiales con respecto a cuándo el Medicare paga las cuentas si tiene cobertura de seguro de grupo de salud a través de su propio trabajo o de su esposa.

El Medicare usualmente opera en base de una Tarifa por Servicios básicos. Las HMO y planes similares de cuidado de salud prepagados están disponibles en algunos lugares para las personas afiliadas al Medicare.

Algunas personas que están cubiertas por Medicare compran seguros privados, llamados "Pólizas Medigap". Estas pagan las cuentas médicas que Medicare no cubre (o "gaps"). Algunas pólizas Medigap cubren los deducibles del Medicare, muchas pagan el cobro mínimo del seguro y algunas también pagan por servicios de salud, aunque no estén cubiertos por Medicare. Si usted desea comprar una póliza Medigap, no compre más de una. Busque cuidadosamente antes de decidir la mejor póliza para sus necesidades ya que, siempre y cuando pague sus cuotas, se renovará cada año.

El mejor manual de información del programa Medicare está disponible gratis llamando al 1-800-633-4227. Incluye la "guía de seguros de salud para personas con Medicare", "Pólizas Medigap, información básica", "sus derechos y protección de Medicare" y "escogiendo un plan de salud Medicare: Una guía para personas con Medicare". Usted también puede contactar su oficina local de seguro social para información y materiales. Revise la página de Internet de Medicare en www.medicare.gov para más información. Hay aproximadamente 55 publicaciones que usted puede ordenar o bajar la información del Internet. La mayoría de estas publicaciones están impresas en inglés, español, Chino y en Braile. También están disponibles en casetes de audio.

Disability Insurance

Disability insurance is an important type of insurance for working-age people to consider. It replaces income you lose if you have a long-term illness or injury and can't work for a period of time. Disability insurance doesn't cover the cost of rehabilitation if you are injured, but your medical insurance might cover that, so see if it is covered there.

Some employers offer group disability insurance as one of the benefits for their employees. You might be eligible for some government-sponsored programs that provide disability benefits. Call the Social Security Administration at 1-800-772-1213 for information.

Many different kinds of individual policies are also available. AFLAC is one well-known company. Their website is www.aflac.com.and their telephone number is 1-800-992-3522.

Hospital Indemnity Insurance

Hospital indemnity insurance is usually advertised in magazines or by mail, and offers limited coverage. It pays a pre-arranged amount for each day you are in hospital, up to a maximum number of days. You can use it for medical or other expenses. Usually, the amount you receive will be less than the cost of a hospital stay, perhaps $100 a day.

Many of these policies will pay the specified daily amount even if you have other health insurance. Some coordinate benefits, so that the money you receive does not equal more than the hospital bill.

Long Term Care Insurance

Long term care insurance covers some or all of the costs of nursing home care, which can be as much as several thousand dollars each month. Medicare and health insurance don't cover many long term care expenses, so you might want to look at some of the many long term plans available. They vary in costs and services covered, read them carefully. The older you are when you start paying into one of these plans, the more it will cost each month.

More detailed information about insurance plans can be found by contacting:

Health Insurance Association of America
1201 F Street NW, Suite 500
Washington, D.C. 20004-1204
202-824-1600
www.hiaa.org

Seguro de Impedimento Físico

El seguro de impedimento físico es un tipo de seguro importante que Ud. debe considerar en personas que están en edad de trabajar. Remplaza los ingresos que usted pierde si tiene una enfermedad por largo tiempo u operación y no puede trabajar. El Seguro de impedimento físico no cubre el costo de rehabilitación, si usted está operado, pero su seguro médico podría hacerlo.

Algunos empleadores ofrecen seguro colectivo (de grupo) para impedimento físico como uno de los beneficios para sus empleados. Usted podría ser elegible para algunos programas administrados por el gobierno que proveen beneficios de incapacidad. Llame a la Administración del Seguro Social al 1-800-772-1213 para más información.

Gran variedad de pólizas individuales están también disponibles. AFLAC es una compañía muy conocida. Su página de Internet es www.aflac.com y su número de teléfono es 1-800-992-3522.

Seguro de Indemnización de Hospital

El seguro de indemnización de hospital es usualmente anunciado en revistas o por correo electrónico y ofrece cobertura limitada. Paga un monto que se ha preestablecido por cada día que esté en el hospital, hasta un plazo máximo de tiempo. Lo puede usar para gastos médicos u otros. Usualmente el monto que recibe será menos de lo que cuesta la estadía en el hospital, a lo mejor $100 por día.

Muchas de estas pólizas pagarán el monto diario establecido así tenga otro seguro de salud. Algunos coordinan beneficios, para que el dinero que reciba no iguale o sea mayor que la cuenta del hospital.

Seguro de Cuidado Médico por un Largo Término

El seguro de cuidado médico por un largo término cubre algunos o todos los costos del ancianato, el cual puede sumar muchos miles de dólares cada mes. Medicare y el seguro de salud no cubre muchos de los gastos del cuidado médico por un largo tiempo, por lo tanto debería buscar algunos de los tantos planes de cuidado médico que lo cubren. Los planes varían en costo y en la cobertura de servicios. Léalos cuidadosamente. A medida que envejezca, el costo mensual de estos planes será cada vez mayor.

Para información detallada acerca de los planes de seguro puede contactar a:

Health Insurance Association of America (Asociación Americana de Seguros de Salud)
1201 F Street NW, Suite 500
Washington, D.C 20004-1204
202-824-1600
www.hiaa.org

Choosing a Medical Treatment

It's very important to work closely with your doctor when medical treatment decisions have to be made. Make sure your doctor knows your questions, concerns and preferences. Ask your doctor any and all questions you have. If you understand and agree with your treatment plan, you are more likely to follow all the instructions and you'll probably get better results. When choosing a treatment, make sure you understand:

What your problem is, what you have to do about it and why it is important to do it.

You should also understand the costs, benefits and risks of each treatment and if there are any other options.

The first necessity in getting the right treatment is to tell your doctor everything that is happening:

Your symptoms; when they occur and when they started.

Are they getting better or worse and what makes them better or worse?

How are they affecting eating, sleeping, working or other activities?

Tell the doctor about all medicines and herbal remedies you take.

The first thing your doctor has to do is make a diagnosis. Doctors order blood tests, x-rays, MRIs and other tests to help diagnose medical problems. Perhaps you don't know why you need a particular test or you don't understand how it will help you. Here are some questions to ask:

How is the test done and what will the test tell us?

Will it hurt?

What are the benefits, risks and costs of having this test and how accurate is it?

What do I have to do before the test? (Some tests require not eating for several hours.)

How long before I get the results and how will I get them?

Never think that "no news is good news". If you don't hear from your doctor or lab when you expect to, call them. If your doctor or you think the test results might be wrong, have the test done again.

When your doctor has decided what your problem is, he or she will give you a diagnosis. Sometimes reaching a diagnosis can be difficult and can take a long time. Sometimes it is hard to find out exactly what is wrong with you. Ask your doctor to explain what you have and how it might affect you and your family. If the diagnosis is serious, ask:

What is my outlook for the future and what changes will I have to make in my daily life?

Is there a chance that someone else in my family might get the same condition? What can they do now to prevent it?

Will I need special help at home for my condition and what type of

Decidiendo un Tratamiento Médico

Es muy importante trabajar muy de cerca con su doctor cuando se tiene que tomar una decisión de tratamiento médico. Asegúrese que su doctor sepa sus preguntas, preocupaciones y preferencias. Pregúntele a su doctor todas las dudas que tenga. Si usted entiende y está de acuerdo con su plan de tratamiento será más probable que siga las instrucciones y seguramente obtendrá mejores resultados. Cuando esté decidiendo por un tratamiento médico, asegúrese de entender:

Cuál es su problema, qué tiene que hacer acerca de esto y por qué es importante hacerlo.

Usted también debería entender los costos, beneficios y riesgos de cada tratamiento y si hay algunas otras opciones.

Sus síntomas, cómo ocurrieron y cuándo comenzaron.

¿Están mejorando o empeorando? ¿Sabe qué hacer cuando mejoran o empeoran?

¿Cómo lo afectarán comiendo, durmiendo, trabajando o en otras actividades?

Informe a su doctor acerca de todas las medicinas y remedios herbales que usted toma.

Lo primero que su doctor tiene que hacer es hacerle un diagnóstico. Los doctores ordenan exámenes de sangre, rayos-x, MRI y otros exámenes para ayudar al diagnóstico del problema médico. Por lo tanto usted no sabe por qué necesita un examen en particular o no entiende como lo ayudará. Aquí tiene algunas preguntas que debe hacer:

¿Cómo se hace el examen y qué nos dirá el mismo?

¿Dolerá?

¿Cuáles son los beneficios, riesgos y costo por hacer este examen y cómo es de preciso?

¿Qué tengo que hacer antes o después del examen? (Algunos exámenes requieren que no coma por muchas horas.)

¿Cuánto tiempo debo esperar antes de obtener los resultados y cómo los obtendré?

Nunca piense que "ninguna noticia es buena noticia". Si su doctor o el laboratorio no lo llaman cuando usted lo espera, llámelos a ellos. Si usted o su doctor piensan que los resultados podrían estar errados, hágase los exámenes de nuevo.

Cuando su doctor haya detectado cuál es su problema, él o ella le darán un diagnóstico. A veces obtener un diagnóstico puede ser dificultoso y tomar un largo tiempo. Algunas veces es difícil encontrar exactamente qué es lo que tiene. Pídale a su doctor que se lo explique y cómo esto podría afectar a usted o a su familia. Si el diagnóstico es serio, pregunte:

¿Cómo se ve el futuro y qué cambios deberé hacer en mi vida diaria?

¿Hay algún chance que alguien más en su familia podría tener la misma condición? ¿Qué pueden ellos hacer ahora para prevenirlo?

help will I need?

Ask for written material you can take home. You can also ask if there are any support groups for people with your condition, preferably one in your own language if you don't speak English well.

If you think of more questions after you leave the doctor office, call and ask those questions. Repeat the answers and make sure you understand them.

Getting a Second Opinion

A "second opinion" is when a second doctor gives his or her ideas about your condition and treatment to help you decide whether surgery is right for you at this time. Your doctors shouldn't have any objection if you request a second opinion and your health plan might require one.

If your insurance doesn't require a second opinion, check to see if it will pay for it if you request it. You can ask your doctor or the health plan for help in finding a doctor to give you a second opinion.

Treatment Options

Once you know the problem, you and your doctor should look at your treatment options. Your doctor may recommend some of the following:

Behavior change (eating healthier, getting more exercise, quitting smoking or drinking).

Prescription medicine or "over-the-counter" medicines.

Surgery.

Rehabilitation (physical therapy).

Other treatments such as chiropractic, massage or acupuncture.

"Watchful waiting" while you and your doctor keep track of your symptoms and watch for any changes. If there are changes, other treatment would be considered at that time.

Not all treatments have been proven to work and there are often many choices. Ask about any books or brochures that can help you decide which treatment is best for you. Self-help groups, your library, patient organizations, such as the American Cancer Society and the American Diabetes Association, are good sources of information. Internet sites, such as www.Healthfinder.gov and www.Healthweb.gov are helpful, too.

All treatments have benefits and risks. Ask your doctor all the questions you can think of regarding a treatment. Also ask what would happen if you choose not to have any treatment.

¿Necesitaré una ayuda especial en la casa por mi condición? ¿Qué tipo de ayuda necesitaría?

Pida información escrita que pueda llevarse a su hogar. También puede preguntar si hay algún grupo de ayuda para personas con su misma condición, preferiblemente en su propio idioma, en caso de que usted no hable bien el inglés.

Si se acuerda de otras preguntas después de que se vaya de la oficina del doctor, llame y pregunte. Repita las respuestas y asegúrese de que las comprendió.

Obteniendo una Segunda Opinión

Una "Segunda Opinión" es cuando un segundo doctor da sus ideas acerca de su condición o tratamiento, para ayudarlo a decidir si una operación es lo más correcto para usted en ese momento. Sus doctores no deberían tener ninguna objeción si pide por una segunda opinión médica y su plan de salud también podría requerir una.

Si su seguro no requiere una segunda opinión, averigüe para ver si ellos pagan si usted la pide. Le puede pedir a su doctor o plan de salud que lo ayude a conseguir un doctor que le pueda dar una segunda opinión.

Opciones de Tratamiento

Una vez que conozca el problema, usted y su doctor deberán buscar las opciones de tratamiento. Su doctor podría recomendar algunas de las siguientes:

Cambio de comportamiento (comiendo más saludable, haciendo más ejercicio, dejando de fumar o beber).

Prescripciones médicas o "medicinas sin prescripciones médicas".

Operación.

Rehabilitación (fisioterapia).

Otros tratamientos tales como quiropráctico, masaje o acupuntura.

"Esperando a ver" mientras usted y su doctor mantienen un registro de sus síntomas y observan cualquier cambio. Si ocurren, en ese momento considerarán otros tratamientos.

No ha sido probado que todos los tratamientos funcionen y a veces hay muchas otras opciones. Pregunte por cualquier libro o boletín informativo que pueda ayudarlo a decidir cuál es el mejor tratamiento para usted. Los grupos de ayuda, bibliotecas u organizaciones de pacientes, tales como la sociedad de cáncer americana y la sociedad de diabetes americana, son buenos recursos de información. Las direcciones de Internet www.healthfinder.gov y www.healthweb.gov también son de mucha ayuda.

Todos los tratamientos tienen riesgos y beneficios. Hágale a su doctor todas las preguntas que pueda pensar con respecto a su tratamiento. También pregunte que pasaría si decide no tener ningún tratamiento.

Medical Emergencies

Ambulance attendants and paramedics are highly trained in dealing with trauma and making immediate decisions that save lives. Many hospitals have trauma centers and they specialize in handling emergency situations and emergency surgery. In an emergency, the ambulance attendants start treatment immediately and they take you to the facility that can handle your illness or injury best. It might be a trauma center, a burn treatment center, a cardiac treatment center (for heart attacks), a children's hospital or a general hospital. If you are conscious, or if there is someone with you, they will ask for the name of your doctor. The doctor will be asked to go to the hospital that you are taken to.

If you have any specific condition (such as cancer or diabetes) or allergies to medications, it is important to have that information with you at all times. Many people wear a medical alert bracelet or keep a card in their wallet to tell the medical personnel about their condition in case they aren't able to tell them at that moment. Any information that can be given to the attending doctors may save valuable time and could save your life.

Always call 911 in an emergency situation involving breathing difficulties, chest pains, dizziness or if the person is unconscious.

If a child has swallowed or eaten something he or she shouldn't have, but isn't showing any symptoms, call your local Poison Control Center (in the white pages or the front pages of your telephone book). These substances might include medications, cleaning products or other products found around the home, or plants in the house or yard (many common plants are very dangerous). *Never* make the child vomit unless you are instructed to by a medical expert. If the child has swallowed something like drain cleaner, vomiting will do more harm by burning the throat a second time as the drain cleaner comes back up.

Remember that emergency care in the U.S. is very high quality and also *very expensive*. You will get bills for the ambulance, the emergency room, the doctors, any medications and any tests or special procedures involved. Your insurance will pay part of it if it was a real emergency. It is important never to hesitate when there is a genuine emergency, but don't go to the emergency room for non-emergency situations. Call your doctor or visit a clinic in those cases.

Emergencias Médicas

Los asistentes de ambulancias y paramédicos están altamente entrenados en casos de trauma y toman decisiones inmediatas que salvan vidas. Muchos hospitales tienen centros de trauma y se especializan en procesar situaciones y operaciones de emergencia. En una emergencia, los asistentes de la ambulancia comienzan el tratamiento inmediatamente y lo llevan al hospital que pueda tratar mejor su enfermedad o herida. Podría ser en un centro de trauma, un centro de tratamiento de quemaduras, un centro de tratamiento cardíaco (para ataques del corazón), un hospital de niños o un hospital general. Si está consciente, o si hay alguien con usted, ellos le preguntarán el nombre de su doctor. Le pedirán al doctor que vaya al hospital donde lo llevaron.

Si usted tiene cualquier condición específica (tal como cáncer o diabetes) o alergias a medicamentos es importante que tenga la información con usted en todo momento. Muchas personas traen puesto un brazalete médico de alerta o mantienen una tarjeta en su cartera, la cual sirve de información al personal médico acerca de su condición médica en caso que no sean capaces de alertarlos en ese momento. Toda información que le pueda dar al doctor que lo está atendiendo puede ahorrar tiempo valioso y salvar su vida.

Siempre llame al 911 en una situación de emergencia que involucre dificultades respiratorias, dolores en el pecho, mareos o si la persona está inconsciente.

Si un niño se ha tragado o ingerido algo que no debería y muestra algún síntoma, llame al centro de control de intoxicaciones local (búsquelo en las páginas amarilla o al comienzo de su guía telefónica). Estas sustancias podrían incluir medicamentos, producto de limpieza, otros productos comunes en un hogar o plantas de la casa o del jardín (muchas plantas comunes son muy peligrosas). *Nunca* haga que el niño vomite a menos que un médico experto se lo indique. Si el niño se ha tragado algo como destapador de tubería, vomitando hará mas daño, quemando una segunda vez si el destapador de tubería regresa a la garganta.

Recuerde que el cuidado de emergencia en USA es de muy alta calidad y también *muy caro*. Le llegarán cuentas de la ambulancia, de la sala de emergencias, de los doctores, cualquier medicamento y cualquier examen o procedimientos especiales requeridos. Su seguro pagará parte de esto si era realmente una emergencia. Es importante que no dude cuando la emergencia es genuina, pero no vaya a la sala de emergencias para situaciones que no lo son. Llame a su doctor o visite a la clínica en esos casos.

Dental Care

"Be true to your teeth or they will be false to you."

The American Dental Association recommends yearly check-ups and cleanings, and daily flossing and brushing. They help prevent cavities and more serious dental problems. Preventing problems is the best thing you can do.

Dental care includes the prevention and treatment of many health problems and diseases, and also can improve your appearance. Cosmetic dentistry (braces, capping, whitening) has become quite common.

Many people are afraid to go to a dentist because some dental procedures might be painful. Dentists know people might be afraid and try to provide almost pain-free dentistry. You can ask for a local anesthetic for many basic procedures. Some dentists take your mind off what is going on by giving you a choice of music to listen to with stereo headphones.

Some insurance plans cover dental visits and procedures; some don't. Those that do have dental coverage usually only cover medically required procedures and not cosmetic dentistry. Some procedures might fall in between these two categories of required and cosmetic and your dentist might be able to help with your insurance company. Many dental procedures are very expensive. Even if you do have dental coverage, it might cover only half of the cost, so try to work out a payment plan with your dentist. Most dentists take credit cards too.

Finding a Dentist

The American Dental Association (ADA) website has a dentist referral service for the entire U.S. They are at www.ada.org and you can get names of dentists in your area.

Ask friends and co-workers if they have a good dentist. It is a good idea to find a dentist before you need one. Appointments sometimes have to be made a few weeks in advance.

There are also clinics that provide dental care. These may be affiliated with dental colleges, county health departments or might be private businesses. Some take walk-in patients, but most require an appointment and some have a long time to wait unless you have an immediate problem. Some clinics have free service for people who can't pay, so ask them.

If you still can't find a dentist, the Yellow Pages will have a large listing of dentists and dental related services, including referral services. Any dentist working on your teeth should include DDS after his or her name, which means Doctor of Dental Science.

Cuidado Dental

"Sea honesto con sus dientes o ellos serán falsos con usted."

La asociación dental americana recomienda chequeos anuales, usar hilo dental y cepillarse diariamente. Esto ayuda a prevenir caries y problemas dentales más serios. Evitar problemas es lo mejor que usted puede hacer.

El cuidado dental incluye prevención y tratamiento de muchos problemas y enfermedades así como mejorar su apariencia. La odontología cosmética (frenillos, rellenos, blanqueamiento) ha llegado a ser muy común.

Mucha gente tiene miedo de ir al dentista porque algunos procedimientos dentales podrían ser dolorosos. Los dentistas saben que las personas suelen tener miedo y tratan de proveer odontología casi sin dolor. Puede pedir anestesia local para muchos procedimientos básicos. Algunos dentistas le quitan de la mente que es lo que va a pasar dándole a escoger música para escuchar con audífonos.

Algunos planes de seguro cubren visitas y procedimientos dentales, otros no. Usualmente los que tiene cobertura dental solamente cubren procedimientos requeridos médicamente y no odontología cosmética. Algunos procedimientos podrían caer entre estas dos categorías, requeridos y cosméticos, y su dentista puede ayudarlo con su compañía de seguros. Muchos procedimientos dentales son muy caros. Aunque usted tenga cobertura dental, eso cubrirá solamente la mitad del costo. Trate de hacer arreglos y un plan de pagos con su dentista. Muchos odontólogos también aceptan tarjetas de crédito.

Encontrando un Dentista

La asociación dental americana (ADA) tiene una dirección Web para hallar servicios de dentistas en todo USA. En www.ada.org usted puede obtener nombre de dentistas en su área.

Pregúntele a un amigo o un compañero si ellos tienen un buen odontólogo. Es una buena idea encontrar un dentista antes que lo necesite. Las citas algunas veces tienen que hacerse semanas por adelantado.

También hay clínicas que proveen cuidado dental. Estas pueden estar también afiliadas con los colegios de odontología del departamento de salud del condado o podrían ser negocios privados. Algunos toman pacientes sin cita, pero muchos requieren una cita y tienen un largo período de espera a menos que tenga un problema urgente. Algunas clínicas tienen servicios gratis para personas que no pueden pagar, por lo tanto, pregúnteles.

Si no puede encontrar un dentista, las páginas amarillas tendrán un listado grande de dentistas y servicios dentales relacionados, incluyendo servicios de referencia. Cualquier dentista debería tener DDS después de su nombre, lo cual significa Doctor de Ciencia Dental.

Vision Care

Most of us require eyeglasses of some kind, sooner or later in our life. In general, vision problems are divided into two categories: near-sightedness and far-sightedness. Near-sighted means being able to clearly see the things that are near. Far-sighted means being able to clearly see things that are far away (printed words would be blurry).

Eye care in the U.S. can be anywhere from very basic to very specialized. An optometrist handles general eye care. Most people who think they need glasses visit an optometrist who is trained to examine eyes and prescribe lenses to correct the vision problem.

The optometrist will also test for some eye diseases, such as glaucoma, and can see if you have cataracts or other serious problems. If there is a problem, you'll be referred to an ophthalmologist, who is a medical doctor specializing in diseases of the eye.

An ophthalmologist can also examine eyes and prescribe lenses. If your vision has changed significantly in a short time or if you think you might have a problem, it is a good idea to see an ophthalmologist. Otherwise, go to an optometrist.

Because ophthalmologists are medical doctors, their fees are much higher than those of optometrists. Your medical insurance will often cover ophthalmologist visits, look in the plan directory for a doctor who is approved by them. Some insurance plans cover the prescription and purchase of contacts and eyeglasses, but most do not.

Good sources for the name of an optometrist include the Yellow Pages, family, friends and co-workers.

Glasses

When you get your prescription for corrective lenses, you take it to an optician to be filled. Many businesses have both optometrists and opticians, so the patients can do all the shopping at one location. Good examples of this are the eyewear chain stores like Lenscrafters or Pearle Vision and many large stores like Sears, JC Penney or Wal-Mart.

There are also small, local businesses that you can go to. You can take your eyeglass prescription to any of these places to be filled, you don't have to have a prescription from them to fill the prescription (buy glasses) with them.

The price of eyeglasses depends mostly on your choice of frames, which can be as high as several hundred dollars. Bifocals are more expensive than single vision lenses, and there are extra charges for tinting, especially for prescription sunglasses. Many of the larger eyeglass

Cuidado de la Visión

Muchos de nosotros requerimos algún tipo de lentes tarde o temprano en nuestras vidas. En general, los problemas de visión están divididos en dos categorías: miopía y astigmatismo. Miopía significa poder ver claramente las cosas que están cerca. Astigmatismo significa poder ver las cosas que están lejos (las palabras impresas estarán borrosas).

El cuidado de los ojos en USA puede ser en lugares que van de muy básico a muy especializado. Un optometrista maneja generalmente el cuidado de los ojos. Muchas personas que piensan que necesitan lentes visitan al optometrista, quien está entrenado a examinar los ojos y prescribir lentes para corregir la visión.

El optometrista también hará exámenes para algunas enfermedades de la vista, tales como glaucoma y puede ver si usted tiene cataratas u otros problemas serios. Si hay un problema usted será referido a un oftalmólogo, que es un médico especializado en enfermedades de los ojos.

Un oftalmólogo también puede examinar los ojos y prescribir lentes. Si su visión ha cambiado significativamente en un corto tiempo, o si piensa que podría tener un problema, es una buena idea ver a un oftalmólogo. En caso contrario vaya a un optometrista.

Como los oftalmólogos son médicos especializados, sus tarifas son más altas que las de los optometristas. Su seguro médico a veces cubrirá las visitas al oftalmólogo. Busque en el directorio de su plan médico a un doctor que sea aprobado por ellos. Algunos planes de seguro cubren la prescripción y la compra de lentes de contacto y lentes convencionales, pero muchos no.

Buenos recursos para buscar el nombre de un optometrista incluyen: las páginas amarillas, familia, amigos y compañeros de trabajo.

Lentes

Cuando obtenga su prescripción para lentes correctivos llévesela a la óptica para que se los den. Muchos negocios tiene ambos, optometristas y ópticas, entonces los pacientes pueden obtener todo el servicio en un lugar. Buenos ejemplos de éstos son las tiendas de cadenas de lentes como Lenscrafters o Pearlvision y muchas tiendas grandes como Sears, JC Penney o Wal-Mart.

También hay pequeños negocios locales donde usted puede ir. Usted puede llevar su prescripción de lentes a cualquiera de estos lugares para que se los den, no tiene que tener la prescripción de ellos mismos para comprarles los lentes.

El precio de los lentes depende más que nada de la montura que usted escoja, la cual puede tener un costo de hasta varios cientos de dólares. Los

stores offer discounts and often fill your prescription the same day.

If you only need glasses for reading, you probably won't need a prescription. Most drugstores, discount stores and supermarkets carry nonprescription reading glasses. These are just magnifying glasses in a variety of strengths and they usually cost less than $10. You might find that a pair of these will give you all the help you need for awhile. If they don't help you, see an optometrist for an actual examination.

Contact Lenses

If you prefer to wear contact lenses, the examination is the same as for eyeglasses and the size and shape of your eye will be also measured. Today, most people wear throwaway lenses, for daily or extended wear. The prescription for these is usually filled at your optometrist's office, but there also are discount businesses that provide this service. Look in your Yellow Pages or on the Internet.

Driver License Eye Exams

All driver licenses issued in the U.S. require that applicants pass a short eye examination when they apply for the license. This is sometimes the first time people discover they need glasses. If your vision is not good enough to pass this exam, you will have to get an optometrist to prescribe glasses and you will have to wear them every time you drive. This requirement will be printed on your license.

lentes bifocales son más caros que los de visión simple y hay cargos extras por oscurecérselos, especialmente los lentes de sol con prescripción. Muchas de las tiendas grandes de lentes ofrecen descuento y a menudo trabajan en su prescripción el mismo día.

Si usted sólo necesita lentes para leer probablemente no necesitará una prescripción. Muchas farmacias, tiendas de descuento y supermercados tienen lentes de lectura de venta libre. Solamente hallará lentes en una variedad limitada de aumentos y usualmente cuestan menos de diez dólares. Usted podría encontrar que un par de éstos le dan toda la ayuda que necesite por un tiempo. Si éstos no lo ayudan, vea a un optometrista para un examen.

Lentes de Contacto

Si usted prefiere usar lentes de contacto, el examen es el mismo que el de los lentes convencionales, pero la talla y la forma de su ojo también serán medidos. Hoy muchas personas usan lentes de contacto desechables para uso diario o uso extendido. Normalmente en la oficina del optometrista le darán los lentes, pero también hay negocios de descuento que proveen este servicio. Busque en sus páginas amarillas o en Internet.

Exámenes de los Ojos para la Licencia de Manejo

Todas las licencias de manejo otorgadas en USA requieren que los solicitantes pasen un corto examen de vista cuando al solicitarla. Esto es, a veces, la primera vez que alguien descubre que necesita lentes. Si su visión no es lo suficientemente buena para pasar este examen, usted tendrá que ir a un optometrista para que le prescriba lentes y tendrá que ponérselos cada vez que maneje. Este requerimiento será impreso en su licencia.

Shots or Inoculations

Preventive medicine is an extremely important part of medical care in the United States. Besides regular visits to doctors and dentists, inoculations are important and sometimes required.

Children

All children are required by law to have certain shots before they start school and others during their school years. These shots, which are given at specific intervals, can be given at the doctor's office during well-child visits. Some of the inoculations children receive are the triple combo (diphtheria, tetanus, whooping cough), polio, measles, mumps, rubella and others your doctor will tell you about.

Most insurance plans cover these shots. Many state health departments offer them free or at very low cost. Look in the state government section of your telephone book.

Flu Shots

Another important inoculation available at very low cost is for flu (influenza). This shot is good for anyone, but especially for older people or those who are in poor health. Flu shots are available in the fall at a variety of places, sponsored by various health organizations, and also from your own doctor. Sometimes the local drug stores or grocery stores sponsor clinics for flu shots. If you want the protection of a flu shot, it is important to get a new shot every year. The types of flu change from year to year, and the medicine in the shots is reformulated each year.

Tetanus Shots

Sometimes, an accident will require that you get a tetanus booster shot. You would need this after getting a deep puncture wound or an injury that breaks the skin. Tetanus is caused by a bacterium found in dirt and on plants. You can get this shot at your doctor's office or a clinic. If you were taken to the emergency room for an injury and need a tetanus shot, they will give it to you there. Health authorities recommend a tetanus booster shot every 10 years.

Other Shots

If you are exposed to a highly contagious disease, such as hepatitis, an inoculation might be required. These shots are usually given by your doctor or you can get them at most walk-in clinics.

Vacunas o Inmunizaciones

La medicina preventiva es una parte extremadamente importante del cuidado médico en los Estados Unidos. Además de las visitas regulares a los doctores y dentistas, las vacunas son importantes y requeridas.

Niños

A todos los niños les requieren por ley que tengan vacunas antes de comenzar la escuela y durante sus años en la misma. Estas vacunas, que son aplicadas en intervalos específicos, pueden ser dadas en el consultorio del doctor durante su control médico. Algunas de las inmunizaciones que reciben los niños son una combinación triple (difteria, tétano, tos ferina), polio, sarampión, paperas, rubéola y otros que su doctor le dirá.

Muchos planes de seguro cubren estas vacunas. La mayoría de los departamentos de salud del estado las ofrecen gratis o a un costo muy bajo. Mire en la sección gubernamental del estado en su guía telefónica.

Vacunas de Influenza (Gripe)

Otras inmunizaciones importantes disponibles a un costo muy bajo son para la gripe (influenza). Esta vacuna es buena para cualquiera, pero especialmente para personas mayores (ancianos) o las que tengan mala salud. Las vacunas de gripe están disponibles en el otoño en varios sitios auspiciados por organizaciones de salud y también en la oficina de su propio doctor. A veces las farmacias y supermercados pagan a las clínicas por las vacunas de gripa. Si usted quiere la protección de una vacuna de gripe, es importante que obtenga una nueva cada año. Los tipos de gripe cambian de año en año y el contenido de la vacuna es reformulado cada año.

Vacunas de Tétanos

Algunas veces un accidente requerirá que usted reciba una vacuna de tétanos. Usted necesitará ésta después de tener un corte profundo o una lesión que penetre la piel. El tétanos es causado por una bacteria encontrada en la tierra y en las plantas. Usted puede obtener esta vacuna en el consultorio del doctor o en una clínica. Si usted fuese llevado a la sala de emergencia por una herida y necesita una vacuna de tétanos, ellos se la darán. Las autoridades de salud recomiendan una vacuna de tétanos cada diez años

Otras Vacunas

Si usted está expuesto a enfermedades altamente contagiosas, tales como hepatitis, requerirá de una vacuna. Estas usualmente son suministradas por su doctor o puede obtenerlas en casi todas las clínicas.

After an Animal Bite

Wild animals (like raccoons, foxes, opossums, squirrels, mice, rats) can carry rabies. This is a very serious disease that is often fatal to humans who have been bitten by the animal. Your pet cats and dogs that have had contact with these animals and have not had a recent rabies shot can also be carriers of rabies.

If an animal that you don't know bites you, you must contact Animal Control immediately. This is usually a branch of the police or sheriff's department and you can find it in the local or county government section of your telephone book. They will try to catch the animal and test it for rabies. If they don't catch the animal (or if they do catch it and the animal is infected), you must have a series of shots to prevent getting the disease yourself.

If it is a bad bite and the victim is seriously injured, call 911, because it would be a medical emergency in this case.

If you have a dog or cat that has not been vaccinated against rabies, look in the Yellow Pages for a veterinarian. Most county governments require that all your dogs and cats are vaccinated against rabies. You could be fined if the animal is picked up and doesn't have its rabies shots. You will also have to have a license for dogs in most cities. Call the Animal Control officer for this license too.

Después de una Mordida de Animal

Los animales salvajes (como mapaches, zorros, zarigüeyas, ardillas, ratones y ratas) pueden portar rabia. Esta es una enfermedad muy seria que a menudo es fatal para los humanos que han sido mordidos por el animal. Sus mascotas, como gatos y perros, que hayan tenido contacto con estos animales y no hayan recibido una vacuna reciente contra la rabia también pueden ser portadores de la enfermedad.

Si un animal que usted no conoce lo muerde debe contactar inmediatamente al departamento de control de animales. Esta es usualmente una dependencia del departamento de policía o sheriff y puede encontrarla en la sección del gobierno local o del condado de su guía telefónica. Ellos tratarán de atrapar al animal y examinarlo para detectar si tiene rabia. Si ellos no atrapan al animal (o si lo atrapan y el animal está infectado), usted debe aplicarse una serie de vacunas para prevenir que la enfermedad se le contagie.

Si ésta es una mordida grave y la víctima está seriamente herida, llame al 911, ya que en este caso se trata de una emergencia médica.

Si usted tiene un perro o un gato que no ha sido vacunado contra la rabia, busque a un veterinario en las páginas amarillas. La mayoría de los gobiernos de los condados requieren que todos sus perros o gatos sean vacunados contra la rabia. Usted podría ser multado si el animal es capturado y no tiene las vacunas contra la rabia. Usted también tiene que tener una licencia para perros en la mayoría de las ciudades. Llame al oficial de control de animales para obtener esta licencia.

Free Clinics and Services

Large cities and many smaller ones have free medical clinics for people without health insurance or the money to pay for a doctor. They specialize in preventive medicine, well-child care and minor illnesses and injuries. These clinics usually have immunizations for children, some pre-natal care and give physicals for school or work.

To find a clinic, look in your Yellow Pages under "Medical Clinics", but it might be difficult to find the listings. You might have to call the Social Services Department in your city or county government section. You might find some listed in the Yellow Pages under "Social Services Organizations" or "Human Services Organizations". Ask the people at your church or children's school or the Salvation Army. *Do not call 911 to ask them.*

Once you find the clinic, call to ask if they take appointments. They usually only take people as they walk in, so be prepared to wait your turn and try to get there early. Find the clinic before you actually need it.

There are also many other services available through your county Department of Social Services (DSS). They usually have programs covering: mental health, alcohol and substance abuse, family planning, adoption services, aid for disabled children and adults, meals for elderly and disabled residents, senior citizen centers, transportation for elderly and disabled, day care for low income working parents, help for teen parents, financial help for people in crisis, child support collections, food stamps, child and spousal abuse shelters and many other programs.

These programs are for all residents who are in need of special assistance. Look in the white pages of your telephone book, under the name of your county and then find "Department of Social Services". There will probably be a list of offices under that heading. If you are not sure what is available or what is covered in the individual programs, call the main number and ask them what services they have. If you have access to a computer, most counties have a web site: these sites would list the services that are available, too.

Clínicas y Servicios Gratuitos

Las ciudades grandes y muchas de las pequeñas tienen clínicas médicas gratuitas para personas sin seguro de salud o sin dinero para pagar un doctor. Se especializan en medicina preventiva, atención médica infantil, enfermedades e intervenciones menores. Estas clínicas usualmente tienen vacunas para niños, algunos cuidados prenatales y exámenes generales para la escuela o el trabajo.

Para encontrar una clínica, busque en las páginas amarillas bajo el nombre de "Medical Clinics", pero puede ser difícil encontrar el listado. Usted tendrá que llamar al Departamento de Servicios Sociales en la sección de gobierno de su ciudad o condado. Usted puede encontrar algunos en el listado de las páginas amarillas bajo "Social Services Organizations" o "Human Services Organizations" ("Organizaciones de Servicios Sociales u Organizaciones de Servicios Humanitarios"). Pregúntele a la gente en su iglesia, en la escuela de su hijo o en el Salvation Army. *No llame al 911 para preguntar sobre esto.*

Una vez que encuentre la clínica, llame para preguntar si ellos hacen citas. Usualmente solo reciben a personas que asisten sin cita así que prepárese para esperar su turno y trate de estar allí temprano. Encuentre la clínica antes de necesitarla.

También hay muchos servicios disponibles a través del departamento de Servicio Social de su condado (DSS). Usualmente tienen programas con cobertura de salud mental, abuso del alcohol y de sustancias, planificación familiar, servicios de adopción, ayuda para niños y adultos incapacitados, comida para ancianos y residentes incapacitados, centros de ciudadanos ancianos, transporte para ancianos y discapacitados, centros de cuidado de niños para padres con bajos ingresos en su trabajo, ayuda para padres jóvenes, ayuda financiera para la gente en crisis, colectas para manutención de niños, cupones de comida, refugios para niños y esposas maltratadas y muchos otros programas.

Estos programas son para todos los residentes que están necesitados de una asistencia especial. Busque en las páginas blancas de su guía telefónica, bajo el nombre de su condado, donde hallará el "Department of Social Services". Probablemente estará un listado de oficinas con ese encabezado. Si no está seguro cual está disponible o cual está cubierto en los programas individuales, llame al número principal y pregúnteles qué servicios ofrecen. Si tiene acceso a una computadora, la mayoría de los condados tiene una página de Internet. Estos sitios también le indicarán los listados de los servicios que están disponibles.

Medications

Any substance that can be considered a medication is controlled by the Food and Drug Administration (FDA). Pharmaceutical companies that manufacture these drugs go through strict testing and trial periods for each product they sell. Some medicines that are sold in other countries haven't received FDA approval so you won't be able to buy them here or you might need a doctor's prescription for them. Many drugs available in the U.S. require a doctor's prescription.

You may see different drugs on U.S. shelves than you saw in your country. Ask your doctor or pharmacist, they might know if they are actually the same drug with different names.

Prescription and Over-the-Counter

The FDA decides whether medications will be prescription or nonprescription. Prescription (Rx) means medicines that can be bought only with a doctor's order. Nonprescription drugs are also called over-the-counter drugs (OTC) and the FDA has decided they are safe to use without a doctor's prescription.

Over-the-counter medications can be found in drugstores, supermarkets and discount stores like Wal-Mart or Kmart. These could include analgesics (painkillers), such as aspirin, acetaminophen (Tylenol), ibuprofen (Motrin), naproxen sodium (Aleve); digestive aids, antacids and laxatives; and some mild sleeping aids. You'll also find medicines for colds, flu and similar viral infections and allergies, which are usually combinations of analgesics, antihistamines and decongestants.

Stronger pain relievers, antibiotics, tranquilizers and antidepressants require a doctor's prescription.

When your doctor has given you a prescription, you take it to your pharmacy to buy the medication. Sometimes, the FDA will change a medication's status and medication that needed a prescription before might be available for over-the-counter sales now.

Brand Name and Generic

When getting FDA approval, pharmaceutical companies get a patent for every new drug they make. For a certain number of years the company with the patent is the only one that can make or sell it. They are sold to the public under a brand name and are often quite expensive.

After the patent for a drug expires, any company can manufacture it under FDA approved guidelines, so it has the same chemical ingredients as the original. These non brand name drugs are called generic drugs and are always less expensive than the brand name.

Both prescription and over-the-counter drugs are sold as generic and

Medicamentos

Cualquier sustancia que pueda ser considerada un medicamento es controlada por la administración de comidas y drogas (FDA). Las compañías farmacéuticas que elaboran estas drogas pasan por un chequeo estricto durante el período de desarrollo de cada producto que venden. Algunas medicinas que son vendidas en otros países y que no hayan recibido la aprobación de la FDA no estarán disponibles o necesitará una prescripción médica especial. Muchas drogas disponibles en los Estados Unidos requieren de prescripción médica.

Usted podrá ver diferentes drogas en los estantes de los Estados Unidos de las que vio en su país. Pregúntele a su doctor o farmacéutico, ellos pueden saber si tienen actualmente la misma medicina con diferente nombre.

Prescripciones y Sin Prescripción

La FDA decide cuales medicamentos serán con prescripción o sin prescripción. Con prescripción abarca las medicinas que solo pueden ser compradas con una orden del doctor. Las drogas sin prescripción también son llamadas de mostrador y la FDA ha decidido que éstas son seguras para usar sin una prescripción médica.

Los medicamentos de mostrador pueden encontrarse en farmacias, supermercados y tiendas de descuento como Wal-Mart o Kmart. Estos incluyen analgésicos (calmantes del dolor), como las aspirinas, acetominofeno (Tylenol), ibuprofeno (Motrin), naproxeno de sodio (Aleve), tratamientos digestivos, antiácidos, laxantes y ayuda para dormir no muy fuerte. Encontrara medicinas para resfriados, influenza y similares infecciones o alergias, las cuales son usualmente combinaciones de analgésicos, antihistamínicos y descongestivos.

Los aliviantes de dolores muy fuertes, antibióticos, tranquilizantes y antidepresivos requieren prescripción médica.

Cuando su doctor le haya dado una prescripción, usted debe llevarla a la farmacia para comprar la medicina. Algunas veces la FDA cambia las reglas y el medicamento que necesitaba prescripción antes ahora puede estar disponible para venta libre.

Nombre de Marca y Genéricos

Cuando las compañías farmacéuticas reciben aprobación de la FDA, que significa Administración Federal de Drogas, obtienen una patente por cada droga nueva que ellos desarrollan. La compañía que tiene la patente es la única que puede fabricarla o venderla por cierta cantidad de años. Estas drogas son vendidas al público bajo un nombre de marca y a menudo son muy caras.

Después que la patente de la droga se vence, cualquier compañía puede manufacturarla bajo la aprobación y procedimiento del FDA, por lo tanto tienen los mismos ingredientes químicos que la original. Estas drogas sin nombre de marca son llamadas genéricas y son siempre menos costosas que las de marca.

brand names. When your doctor is prescribing a medication, you can ask if there is a generic equivalent available. If you want to have the prescription filled generically, you should tell the pharmacist, it will be cheaper. Some insurance plans that cover prescription drugs will only pay for generic drugs unless the physician says that the brand name drug is required.

The Pharmacist

A pharmacist has gone through years of training and is licensed by law to fill prescriptions for medications. He or she is a valuable resource when looking for medications and information. The pharmacist can tell you the side effects of a drug and if it can be taken in combination with other drugs or other things like juice or alcohol. He can also give you advice or recommend over-the-counter medications for your problem.

The area where the pharmacist fills prescriptions is called a pharmacy and you'll find them in drugstores, many discount stores and supermarkets. If you have a prescription filled at one pharmacy and want the prescription switched to another pharmacy when it is filled again, the pharmacist can do that for you.

Natural or Herbal Medicines

Natural medicines are made from botanicals like herbs or roots. While many of them are good, they have not had the FDA testing required for standard medications. They are usually found in health food stores, drugstores and most stores that carry vitamins. Some have become so common that many big drug companies are now selling them under their company names.

Many doctors don't approve of natural remedies: a patient might avoid the doctor's recommendation in favor of an untested, possibly dangerous one. Because there is no regulation on these products, one bottle of pills may not be the same as the next.

Homeopathic practitioners are available for patients interested in trying a natural approach to health care. They are sometimes medical doctors, but usually aren't. They would be in the Yellow Pages in the "H" section (under "Homeopath").

Tamper Proof Packaging

Makers of over-the-counter (OTC) medicines seal most products in tamper resistant packaging to help protect against someone opening it and possibly putting something else in the package. This packaging provides visible evidence if the package has been opened in the store before you buy it. OTC packaging cannot be 100 percent tamper proof. There are

Ambos tipos de drogas, las de prescripción y las de mostrador, son vendidas tanto en su presentación genérica como en su presentación de marca. Cuando su doctor le esté prescribiendo un medicamento, pregúntele si hay un genérico equivalente disponible. Si usted quiere que le entreguen medicina genérica deberá indicárselo al farmacéutico, ahorrará dinero. Algunos planes de seguro que cubren medicinas solamente pagan por las genéricas a menos que el médico diga que es necesaria la medicina de marca.

El Farmacéutico

Un farmacéutico ha pasado por años de entrenamiento y está certificado por la ley para entregar medicinas. El o ella son un recurso muy valioso cuando está buscando medicamentos o información. El farmacéutico puede advertirle acerca de los problemas secundarios de una droga y si se puede tomar en combinación con otras drogas u otras cosas como jugo o licor. Él también le puede aconsejar o recomendar medicamentos para su problema sin prescripciones.

El área donde el farmacéutico dispensa los medicamentos se llama farmacia y la encontrará dentro de la tienda de medicinas o "drugstores", en muchas tiendas de descuento y en supermercados. Si usted compró en una farmacia y luego quiere cambiar a otra cuando necesite más medicina, el farmacéutico puede hacer esto por usted.

Medicinas Naturales y Herbales

Las medicinas naturales están hechas de hierbas y raíces botánicas. Mientras que muchas de ellas son buenas, estas no han obtenido los exámenes de la FDA requeridos para los medicamentos habituales.

Las encontrará en las tiendas naturistas, tiendas de drogas y muchas de las tiendas que venden vitaminas. Algunas han llegado a ser tan comunes que muchas industrias de medicinas ahora las están vendiendo bajo el nombre de sus compañías.

Muchos doctores no aprueban los remedios naturistas: Un paciente puede alterar las recomendaciones del doctor y optar por una que no haya sido aprobada, posiblemente peligrosa. Como no hay regulaciones en estos productos, un frasco de píldoras puede no ser lo mismo que el próximo.

Los homeópatas están disponibles para los pacientes interesados en probar un acercamiento natural de cuidado de salud. Algunas veces ellos son médicos, pero usualmente no lo son. Ellos estarán en las páginas amarillas en la sección de la "H" ("Homeopath").

Envase a Prueba de Alteración

Los que fabrican las medicinas sin prescripción conocidas en Inglés como OTC (over-the-counter) envasan sus productos en frascos resistentes, a prueba de alteraciones, para protegerlos de que alguien los abra y pueda introducir algo en ellos. Este envase provee evidencia visible si ha sido abierto en la tienda antes de ser comprado. Los envases de OTC no pueden ser 100% a prueba de alteración. Hay algunas cosas que usted puede hacer

things you can do to help protect yourself:

Read the tamper proof features that are described on the label and look at the outer packaging while you are still in the store. Don't buy it if the packaging is damaged: turn it in to the pharmacist or an employee of the store, don't put it back on the shelf.

When you get home, look at the medicine inside and don't use any medicine that's discolored or looks strange in any way.

If anything looks suspicious, contact the store where you bought the product. Take it back right away (with your receipt).

Child Proof Packaging

Child resistant caps are designed to make it difficult for children to open the container. But remember, if you don't re-lock the cap after each use, the child proof cap won't keep the children out!

It's best to store all medicines, including vitamins, where children can't see or reach them. Bottles of pills should not be left on the kitchen counter as a reminder to take them. Briefcases and purses are almost the worst places to hide drugs from curious kids, they love looking in purses. It's not a good idea to take medicine while your small children watch you either. They might "play house" with your medicine later.

Iron is the leading cause of accidental fatal poisonings in children under the age of three. Be very careful with supplements containing iron.

If you don't have young children living or visiting with you and the bottles are too hard for you to open, ask the pharmacist if they are available without child-resistant caps. They usually are available.

Minimize the Risks

No medicine, whether prescription or OTC, is without risk. Medicines may cause side effects, allergic reactions and interactions with foods, drinks or other drugs. Ask your doctor or pharmacist questions with every new prescription you get:

What is this medicine supposed to do? Be sure the doctor or pharmacist knows other prescriptions you take.

How, when and how long do I take it? What if I miss a dose?

Should I avoid certain foods, or caffeine, alcohol, other OTC medicines, prescriptions, driving or smoking, when I'm taking this medicine?

What are the side effects, and will it affect my sleep or work?

Written information is always available from the pharmacist if the doctor doesn't give it to you. Ask the doctor or pharmacist to write out complicated directions and medicine names. It's possible there is printed material in your language available too.

para protegerse:

Lea la descripción a prueba de alteración en la etiqueta y vea por fuera el envase mientras está en la tienda. No lo compre si el envase está dañado, déselo al farmacéutico o a un empleado de la tienda, no lo ponga nuevamente en el estante.

Cuando llegue a su casa, vea el medicamento dentro del envase y no lo use si está decolorado o se ve de una manera extraña.

Si algo se ve sospechoso, contacte al lugar donde compró el producto y regréselo de inmediato junto con su recibo.

Envases a Prueba de Niños

Las tapas a prueba de niños están diseñadas para que se les haga a los niños difícil abrirlas. ¡Pero recuerde, si no las vuelve a cerrar después de cada uso, las tapas a prueba de niños no ayudaran en su objetivo de evitar que los niños accedan al contenido!

Es mejor que mantenga todas las medicinas, incluyendo las vitaminas, donde los niños no puedan alcanzarlas. Las botellas de pastillas no deberían ser dejadas en el mostrador de la cocina para que usted recuerde tomarlas. Maletines y carteras son los peores lugares para esconder drogas de un niño curioso, a ellos le gusta mirar en las carteras. Tampoco es buena idea tomar medicinas mientras sus niños pequeños lo estén mirando. Ellos mas tarde podrían imitarlo con su medicina.

El hierro es la causa principal de accidentes fatales y envenenamiento en niños menores de tres años. Tenga cuidado con los suplementos vitamínicos que contengan hierro.

Si no tiene niños pequeños viviendo con usted o visitándolo y las botellas son muy difíciles para que usted las abra, pídale al farmacéutico botellas sin tapas a prueba de niños. Usualmente están disponibles.

¿Cómo Puede Disminuir el Riesgo?

Ninguna medicina, ya sea con o sin prescripción, está libre de riesgos. Las medicinas pueden causar efectos secundarios, reacciones alérgicas e interacción con alimentos, bebidas u otras drogas. Hágale preguntas a su doctor o farmacéutico con cada prescripción nueva que obtenga:

¿Qué hace supuestamente la medicina? Asegúrese de que su doctor o farmacéutico sepa de otras prescripciones que usted tome.

¿Cómo, cuándo, y por cuánto tiempo las debe tomar? ¿Qué pasaría si no toma la dosis?

¿Deberá evitar ciertas comidas, cafeína, alcohol u otras medicinas sin prescripción o prescriptas, manejar o fumar cuándo esté tomando esta medicina?

¿Cuáles son los efectos secundarios, me afectará para dormir o trabajar?

La información escrita siempre esta disponible en la farmacia en caso que el doctor no se la de. Pídale al doctor o farmacéutico que le escriba las instrucciones y los nombres de medicinas complicadas. También hay posibilidad de que haya material impreso disponible en su idioma.

Drug Interactions

Some interactions involving OTC drugs can produce unwanted results or make them less effective. It's very important to know about any possible drug interactions if you're taking prescription and OTC drugs at the same time. *Ask your doctor or pharmacist about interactions.*

Some drugs interact with foods and milk, juice or alcohol, others with certain medical conditions like diabetes, kidney disease and high blood pressure.

These are a few of the most common drug interactions for some OTC medications:

Avoid alcohol if you are taking antihistamines, cough and cold products with dextromethorphan or sleeping aids.

Don't use sleeping pills if you take prescription sedatives or tranquilizers.

Check with your doctor before taking products containing aspirin if you're taking a prescription blood thinner or if you have diabetes or gout.

Don't use laxatives when you have stomach pain, nausea or vomiting.

Unless your doctor tells you to, don't use a nasal decongestant if you are taking a prescription drug for high blood pressure or depression, or if you have heart or thyroid disease, diabetes or prostate problems.

Always Read the Label!

Labels change when new studies are done and new information is published. It is extremely important to read the label every time you take medicine.

Never take medicines in the dark. As sure as you are that it is the correct bottle, accidents and mistakes do happen.

Besides the name of the product, the label will tell what the medicine is for and will give directions for using it. Read the label and read the warnings for possible risks and side effects. If you read the label and still have questions, ask the pharmacist or your doctor.

With medicines, more does not usually mean better. Never take OTC medicines for longer times or in higher doses than the label recommends. Symptoms that persist mean it's time to see a doctor.

Medications and Children

OTC drugs come in special sizes for children. Read the label and follow all directions very carefully. Here are a few tips for giving OTC medicines to children:

Children aren't just small size adults. Never give medicine to children unless it is recommended for them on the label or by a doctor. Medicines for adults often do just the opposite when taken by children.

Interacciones de Drogas

Algunas interacciones en el uso de medicinas sin prescripción pueden producir resultados indeseables o pueden hacerlas menos efectivas. Es muy importante saber acerca de cualquier interacción de drogas si usted las esta tomando con y sin prescripción al mismo tiempo. *Pregúntele a su doctor y farmacéutico acerca de estas interacciones.*

Algunas drogas interactúan con alimentos, leche, jugo o alcohol. Otras con ciertas condiciones medicas como diabetes, enfermedades de los riñones y presión alta.

Estas son algunas de las interacciones de drogas más comunes de las medicinas sin prescripción:

Evite el alcohol si esta tomando antihistamínicos, productos para la tos y de la gripe con Dextrometofan o ayudas para dormir.

No use pastillas para dormir si usted esta tomando sedantes o tranquilizantes prescritos.

Consulte con su doctor antes de tomar productos que contengan aspirina si usted esta tomando medicamentos para diluir la sangre o si tiene diabetes o gota.

No use laxantes cuando tenga dolor de estomago, nausea o vomito.

Al menos que su doctor le diga, no use descongestivos nasales, si esta tomando prescripciones para la presión alta o depresión, si usted tiene enfermedades del corazón o de la tiroides, problemas de diabetes o próstata.

¡Siempre Debe Leer la Etiqueta!

Las etiquetas cambian cuando se hacen nuevos estudios y se publica nueva información. Es extremadamente importante leer la etiqueta cada vez que usted tome medicinas.

Nunca tome medicinas a oscuras. Asegúrese que es la botella correcta. Los accidentes y errores ocurren.

Aparte del nombre del producto, la etiqueta le dirá la función de la medicina y le dará instrucciones de cómo administrarla. Lea la etiqueta y las advertencias acerca de posibles riesgos y efectos secundarios. Si usted lee la etiqueta y todavía tiene preguntas, consulte al farmacéutico o a su doctor.

Con las medicinas, mayor cantidad no significa que sea mejor. Nunca tome medicinas sin prescripciones por más tiempo o en dosis más altas de lo que recomienda la etiqueta. Si los síntomas persisten, es hora de ir a ver al doctor.

Medicamentos y Niños

Las medicinas sin prescripción vienen en un tamaño especial para niños. Lea las etiquetas y siga las instrucciones muy cuidadosamente. Aquí tiene algunos consejos para administrar medicinas sin prescripción a los niños:

Los niños no son solamente adultos de tamaño pequeño. Nunca les dé medicinas a niños al menos que sea recomendada para ellos en la etiqueta o por el doctor. Medicinas para adultos a menudo hacen lo opuesto cuando son tomadas por los niños.

You should never guess at the dose based on the child's size or age.

Be sure you know the difference between TBSP (tablespoon) and TSP (teaspoon). They are very different doses, the wrong one could harm or kill the child.

Infant medications have different doses than children's doses, too. Infant doses are measured in drops because they are very concentrated mixtures, if you were to give children a spoonful of an infant medication, it could seriously harm or kill them.

Be very careful about dose instructions. If the label says two teaspoons, use a measuring spoon or a dosing cup marked in teaspoons, not a common kitchen spoon. It won't be accurate.

Never guess when converting measuring units – like from teaspoons or tablespoons to ounces. You can telephone the pharmacy and ask the pharmacist. If it is late and you can't get your pharmacist on the telephone, call any drugstore that is open and ask that pharmacist to tell you how to convert the measurements. *Don't guess.*

Read the label each time, don't try to remember the dose used last time and don't give your child more just because he seems sicker than last time.

Ask the doctor or pharmacist about giving a child more than one medicine at a time. Be sure to follow any age and size limits. Children's bodies react differently than adults', so follow the instructions carefully.

Never let children take medicine by themselves and don't call medicine "candy" or "treats" to get your kids to take it. If they find the medicine when you are not there, they might remember that you called it candy and eat it like candy.

Check with your doctor before giving any child aspirin products. Never give aspirin to a child or teenager who has chickenpox, flu or flu symptoms like nausea, vomiting or fever. Aspirin has been associated with an increased risk of Reye's syndrome. It is a rare but very serious, and sometimes fatal, illness for children who were given aspirin when they had these other symptoms.

Pregnancy and Nursing

If you're pregnant, always talk with your doctor before taking any drugs, either prescription or nonprescription. Drugs can pass from a pregnant woman to her unborn baby. A safe amount of medicine for the mother may be too much for the unborn baby.

Also ask your doctor before taking any medicine while breast-feeding. A doctor can tell you how to adjust the timing and dose of most medicines so the baby receives the lowest amount possible or if the drugs should be avoided altogether.

Nunca debería estimar la dosis basándose en el tamaño o la edad del niño.

Asegúrese que sepa la diferencia entre una cucharada de sopa (que por sus siglas en Inglés TBSP significa "tablespoon") y una cucharadita (que por sus siglas en Inglés TSP significa "teaspoon"). Hay muchas dosis diferentes, la dosis equivocada podría ser dañina o matar al niño.

También los medicamentos para bebés tienen diferentes dosis que los de los niños. Las dosis infantiles están medidas en gotas porque son una mezcla mas concentrada, Si usted le fuera a dar a un niño una cucharada del medicamento de un infante, podría ser dañina o matarlo.

Tenga cuidado con las instrucciones de las dosis. Si la etiqueta dice dos cucharaditas use y mida en cucharas de medir o un envase medidor marcado en cucharaditas y no en una cuchara de cocina. No será exacto.

Nunca adivine cuando este convirtiendo unidades de medidas – como de cucharadita o cucharada a onzas. Usted puede llamar a la farmacia y preguntarle al farmacéutico. Si es tarde y no puede hablar con su farmacéutico por teléfono, llame a cualquier farmacia que esté abierta y pregúntele al farmacéutico como convertir las medidas. *No adivine.*

Lea la etiqueta cada vez, no trate de recordar la dosis usada la última vez y no le dé a su niño más solamente porque se ve mas enfermo.

Pregúntele a su doctor o farmacéutico acerca de darle a un niño más de una medicina al mismo tiempo. Asegúrese de seguir cualquier edad y límite de estatura. Los cuerpos de los niños reaccionan diferentes que los adultos, por lo tanto siga las instrucciones cuidadosamente.

Nunca deje que el niño se tome la medicina por él mismo y no llame a la medicina "dulces" o "premios" para que sus niños las tomen. Si ellos encuentran la medicina cuando usted no está presente, podrían acordarse que usted la llama dulces y se la comerán como tales.

Consulte con su doctor antes de darle a cualquier niño productos que contengan aspirina. Nunca les dé aspirinas a niños y adolescente que tienen varicela, gripe o síntomas de influenza, tales como nausea, vomito o fiebre. Las aspirinas han sido asociadas con un alto riesgo del Síndrome de Reye. Es una enfermedad rara pero seria y hasta fatal para niños a quienes les administraron aspirina cuando tenían estos otros síntomas.

Embarazo y Crianza (Amamantar)

Si usted esta embarazada, siempre hable con su doctor antes de tomar cualquier droga ya sea con o sin prescripción. Las drogas pueden pasar de la madre embarazada al bebé que no ha nacido. Una cantidad apropiada para la madre podría ser demasiado para el bebé en el vientre.

Consulte con su doctor antes de tomar cualquier medicina mientras está amamantando. Un doctor le puede decir como ajustar el tiempo y la dosis de muchas medicinas para que el bebé reciba la cantidad más baja posible o si la droga debe ser evitada por completo.

Medical Specialists

This diagram shows what each medical specialty will be listed under in the Yellow Pages and also in your insurance plan directory. These are the doctors that your primary care doctor will refer you to if you have to see a specialist.

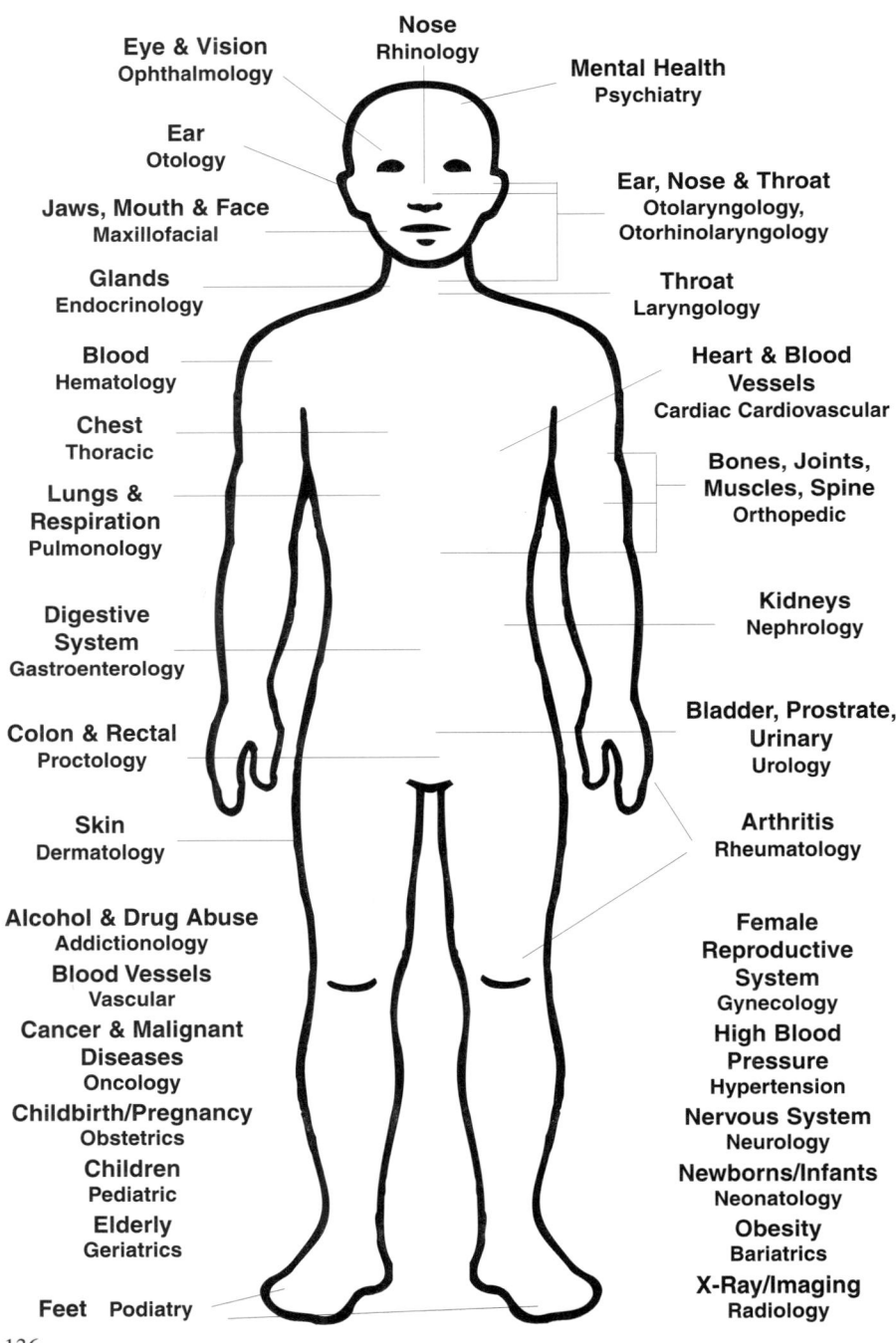

Eye & Vision
Ophthalmology

Nose
Rhinology

Mental Health
Psychiatry

Ear
Otology

Ear, Nose & Throat
Otolaryngology,
Otorhinolaryngology

Jaws, Mouth & Face
Maxillofacial

Throat
Laryngology

Glands
Endocrinology

Blood
Hematology

**Heart & Blood
Vessels**
Cardiac Cardiovascular

Chest
Thoracic

**Bones, Joints,
Muscles, Spine**
Orthopedic

**Lungs &
Respiration**
Pulmonology

**Digestive
System**
Gastroenterology

Kidneys
Nephrology

Colon & Rectal
Proctology

**Bladder, Prostrate,
Urinary**
Urology

Skin
Dermatology

Arthritis
Rheumatology

Alcohol & Drug Abuse
Addictionology

Blood Vessels
Vascular

**Cancer & Malignant
Diseases**
Oncology

Childbirth/Pregnancy
Obstetrics

Children
Pediatric

Elderly
Geriatrics

Feet Podiatry

**Female
Reproductive
System**
Gynecology

**High Blood
Pressure**
Hypertension

Nervous System
Neurology

Newborns/Infants
Neonatology

Obesity
Bariatrics

X-Ray/Imaging
Radiology

Especialistas Médicos

Este diagrama muestra a cada medico especialista bajo el listado en las paginas amarillas y también en el directorio de su plan de seguro. Estos son los doctores a los que su doctor general lo referirá si necesita ver a un especialista.

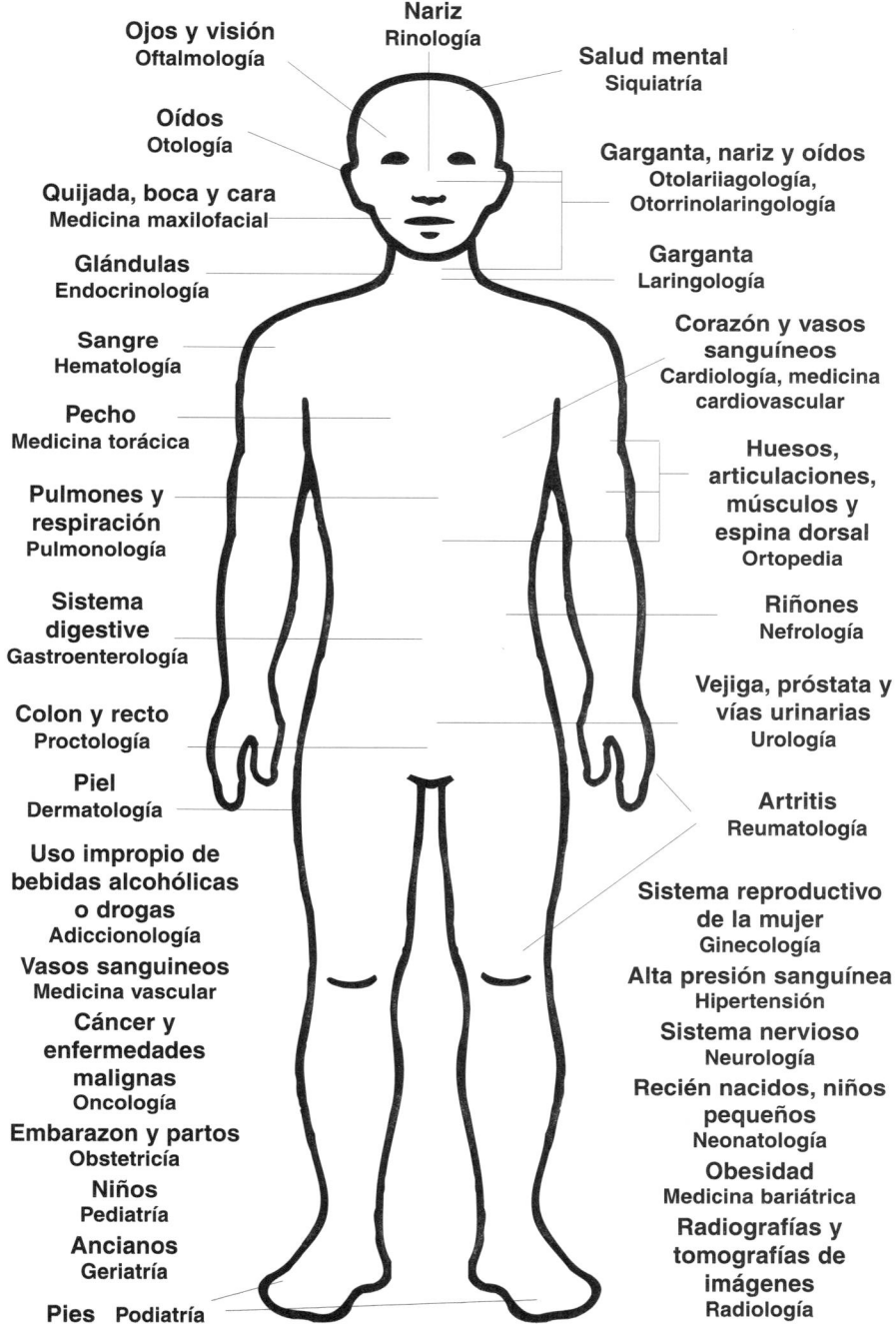

Nariz
Rinología

Ojos y visión
Oftalmología

Salud mental
Siquiatría

Oídos
Otología

Garganta, nariz y oídos
Otolariiagología,
Otorrinolaringología

Quijada, boca y cara
Medicina maxilofacial

Garganta
Laringología

Glándulas
Endocrinología

Sangre
Hematología

Corazón y vasos sanguíneos
Cardiología, medicina cardiovascular

Pecho
Medicina torácica

Huesos, articulaciones, músculos y espina dorsal
Ortopedia

Pulmones y respiración
Pulmonología

Sistema digestive
Gastroenterología

Riñones
Nefrología

Colon y recto
Proctología

Vejiga, próstata y vías urinarias
Urología

Piel
Dermatología

Artritis
Reumatología

Uso impropio de bebidas alcohólicas o drogas
Adiccionología

Sistema reproductivo de la mujer
Ginecología

Vasos sanguineos
Medicina vascular

Alta presión sanguínea
Hipertensión

Cáncer y enfermedades malignas
Oncología

Sistema nervioso
Neurología

Recién nacidos, niños pequeños
Neonatología

Embarazon y partos
Obstetricía

Niños
Pediatría

Obesidad
Medicina bariátrica

Ancianos
Geriatría

Radiografías y tomografías de imágenes
Radiología

Pies Podiatría

137

Non-Medical Insurance

There are many different kinds of insurance you will need or want in your everyday life. They are all for the same reason; to take care of you and your family financially in the event of loss or injury.

Home Insurance

Home insurance insures two things: the building and your belongings. People buy it based on the amount of protection they get and the price of the policy. Home insurance isn't expensive, a few hundred dollars a year will cover you. Shop around for the best price and policy for your needs.

When you look at different policies, make sure your house and your personal possessions are covered for their value. Read the policy carefully, some items are not in a basic policy and supplemental coverage might be needed.

Homeowners with mortgages are required by their lenders to have home insurance. Lenders require certain amounts of coverage, but that might not be enough to cover your needs. Lenders want to make sure their loss (the mortgage amount) is covered, but you have to decide what you would need, too.

There are seven basic kinds of home insurance policies and they are almost the same where ever you live in the U.S. They are classified by the types of coverage they offer. Most are for people in houses, one is for renters, one is for condominium coverage. There are variations on these policies, such as coverage for landlords, who buy coverage only on their building and not the renter's belongings. Mobile homes also have special policies.

The Coverages You'll Need

In most cases, you'll want to insure your house and its contents for their replacement values, which will probably be different from the market value. So if you have older furniture, you should get enough coverage to be able to buy similar, new furniture to replace it if it is destroyed. Don't buy coverage for the amount you paid for it many years ago.

Standard coverage normally insures your possessions at 40-50 percent of the value of your house. You can purchase inexpensive "floaters" that add coverage for possessions that might not be covered by the automatic 40-50 percent amount: computers, electronic equipment, cameras, art and jewelry, for example. This means that if your

Seguros que no Son Médicos

Hay muchos tipos de seguros diferentes que usted necesitará en su vida cotidiana. Todos ellos están por la misma razón: para proteger a su familia financieramente en caso de muerte o lesiones.

Seguro de Vivienda

El seguro de vivienda asegura dos cosas: la casa y sus pertenencias. La gente compra el seguro dependiendo del nivel de cobertura y el precio de la póliza. El seguro de vivienda no es muy caro, unos pocos cientos de dólares al año le dará la cobertura. Compare compañías para obtener el mejor precio y la mejor póliza que cubra sus necesidades.

Cuando usted compara pólizas diferentes asegúrese que su casa y posesiones personales estén cubiertas por su valor. Lea la póliza cuidadosamente, algunos artículos no están incluidos en la póliza base por lo que podría necesitar un seguro complementario.

A los propietarios de casas que tienen hipotecas los prestamistas los obligan a mantener un seguro de vivienda. Los prestamistas requieren una cierto nivel de cobertura, el cual quizás no sea suficiente para cubrir sus necesidades. Los prestamistas quieren asegurarse que sus perdidas (la cantidad de la hipoteca) sean cubiertas, pero usted también tiene que decidir qué va a necesitar.

Hay siete tipos básicos de pólizas de seguro de vivienda y estas son casi iguales en cualquier parte que viva de los Estados Unidos. Están clasificadas por el tipo de cobertura que ofrecen. La mayoría son para propietarios de casas, una es para los que alquilan y otra para cobertura de condominios. Hay variaciones en estas pólizas, como por ejemplo cobertura para el arrendador, que compra cobertura solo para su propiedad y no para las pertenencias del arrendatario. Las casas rodantes también tienen pólizas especiales.

Los Seguros que Necesitará

En la mayoría de los casos, usted querrá asegurar su casa y su contenido por su valor de reemplazo, el cual probablemente difiera del valor de mercado. Por lo tanto si usted tiene muebles antiguos debe obtener suficiente cobertura para que le permita comprar muebles nuevos similares para reemplazarlos si son destruidos. No compre cobertura por la cantidad que usted pagó por los muebles hace muchos años atrás.

La cobertura estándar normalmente asegura sus pertenencias en un 40 o 50 por ciento del valor de la casa. Usted puede comprar "adicionales" más económicos que añaden cobertura para pertenencias que podrían no estar cubiertas en la suma automática, por ejemplo: computadoras, equipos electrónicos, cámaras, obras de arte y joyas. Esto significa que si su casa está asegurada por $100,000, sus posesiones personales están automáticamente aseguradas por $40,000-$50,000, pero ciertos artículos como obras de arte y

home is insured for $100,000, your personal possessions are automatically insured for $40,000-$50,000, but certain things like art and jewelry might not be insured for the full amount. Ask your agent to explain it to you.

Free-standing structures on your property (garages, gazebos, tool sheds) are also covered, with standard protection equal to 10 percent of your house.

The same as with your personal property, you should decide if these amounts are sufficient and if they are not, buy more coverage. The additional coverage is quite inexpensive, talk to your agent about it.

Liability Coverage

If someone who is not covered on your health insurance suffers an injury on your property, you might be responsible and will have to pay for the medical care. Home insurance covers these injuries up to the amount of coverage you have purchased, usually $100,000 or more. If you don't have this coverage and you are sued, you could lose your house and more if you lose the lawsuit.

Ask your insurance agent to tell you other things that are covered in your policy. For example, you will probably have off-premises theft protection, which isn't needed very often, but is a very good thing to have when it is needed. Be sure to check your policy.

You can find an insurance company by asking friends and co-workers or by looking in the Yellow Pages.

Renter's Insurance

Your landlord might be sympathetic if you come home from work and find your apartment has been totally vandalized or emptied by a burglar, but his insurance does not cover your belongings. Your landlord will pay for any damage to the building, but not for your possessions.

You must purchase a renter's policy to cover the loss of your clothes, stereo, furniture, television, bicycle, jewelry, computer, artwork and other items. They will be covered against loss from fire or smoke, lightning, vandalism, theft, explosion, windstorm and water damage from plumbing.

You will also have liability insurance included, so if someone who is not covered on your health insurance is injured in your apartment, and you're found to be responsible, you can pay the medical expenses. If you don't have this coverage and you are sued, you could be paying for it for many years if you lose the lawsuit.

When you call home insurance companies, ask if they have renter's or tenant's insurance. Many renters don't buy insurance because they think the landlord's insurance covers them and then find out the hard way that it doesn't.

joyas podrían no estar cubiertas por su valor total. Pídale a su agente de seguros que le explique. Las estructuras independientes dentro de su propiedad (garajes, gazebos, casetas de herramientas) también están cubiertas, con una protección estándar equivalente al 10 por ciento de la de su casa.

Al igual que con sus pertenencias personales, debe decidir si estas cantidades son suficientes y, si no lo son, compre más cobertura. La cobertura adicional es bastante económica, hable con su agente de seguros al respecto.

Seguro de Responsabilidad Civil (Liability)

Si alguien que no está cubierto en su seguro de salud sufre una lesión dentro de su propiedad, usted puede ser responsable y tendrá que pagar los gastos médicos. El seguro de vivienda cubre estas lesiones hasta el monto de cobertura que usted ha comprado, usualmente de $100,000 o más. Si usted no tiene esta cobertura y es demandado, podrá perder su casa o más si pierde la demanda.

Pídale a su agente de seguros que le diga las otras cosas que están cubiertas en su póliza. Por ejemplo probablemente tenga protección contra robo fuera de la casa, la cual no se necesita a menudo, pero es bueno tenerla cuando se necesita. Asegúrese de revisar su póliza.

Usted puede encontrar una compañía de seguros preguntándole a sus amigos, compañeros de trabajo o buscando en las paginas amarillas.

Seguro de Arrendatario

Su arrendador podría sentir simpatía por usted si llega del trabajo y encuentra que su apartamento ha sido totalmente violentado y vaciado por un ladrón, pero el seguro del arrendador no cubre sus pertenencias. El arrendador pagara por los daños al edificio, pero no por sus pertenencias.

Usted debe comprar una póliza de arrendatario para cubrir las pérdidas de su ropa, equipos de sonido, muebles, televisor, bicicleta, joyas, computadoras, obras de arte y demás artículos. Estos serán cubiertos por pérdidas causadas por incendio o humo, rayos, vandalismo, robo, explosión, tormenta de vientos o daños causados por fuga de agua de las tuberías.

También tendrá un seguro para terceros incluido, por lo que si alguien que no está cubierto en su seguro de salud se lesiona en su apartamento y se demuestra que usted es responsable, podrá pagar los gastos médicos. Si usted no tiene esta cobertura y es demandado, podría estar pagando por muchos años si pierde la demanda.

Cuando llame a las compañías de seguros de vivienda, pregunte si tienen seguro de arrendatarios o inquilinos. Muchos arrendatarios no compran seguro por que piensan que el seguro del arrendador los cubre y después descubren de la manera más dolorosa que no era así.

Auto Insurance

An auto insurance policy is a package of different coverages. Most states require that you purchase a minimum amount of certain kinds of coverage. But it makes sense to buy more than what's required.

Liability Coverage

Liability coverage is the basis of any auto insurance policy and is required in almost all states. If you're responsible for an accident, your liability insurance will pay for the bodily injury and property damage expenses caused to others in the accident, and also pay your legal bills. Bodily injury coverage pays for medical bills and lost wages. Property damage coverage pays for the repair or replacement of things you wrecked, but not your own car. The other person involved may also decide to sue you to collect "pain and suffering" damages.

Your insurance agent can tell you what the minimum level of coverage is in your state. It's wise to buy more than the minimum, a serious accident will cost much more than that amount, especially since hospital care is so expensive. If you are sued, you might lose your house, your savings account and any other assets you own. Extra liability insurance is not expensive.

Collision Coverage

If you cause an accident, collision coverage will pay to repair your vehicle. You usually can't collect any more than the actual cash value of your car, which is not the same as the car's replacement cost.

Collision coverage is normally the most expensive part of auto insurance. By choosing a higher deductible, maybe $500 or $1,000, you can keep your premium costs down. Remember, you pay the amount of your deductible before the insurance company pays any money after an accident, so get the deductible amount you can handle.

Comprehensive Coverage

Comprehensive coverage pays for damages to your car that weren't caused by an auto accident: damages from theft, fire, vandalism, natural disasters or hitting a deer all qualify. Comprehensive coverage also comes with a deductible and your insurer will only pay as much as the car was worth when it got wrecked.

Medical Payments Coverage

MedPay pays for your passengers' medical expenses after an accident while you're driving your car, driving someone else's car (with their permission) and injuries you or your family members suffer when you are

Seguro de Automóviles

Una póliza de automóviles es un paquete que contiene diferentes coberturas. La mayoría de los estados requiere que usted compre una cantidad mínima de ciertos tipos de cobertura. Pero es bueno comprar más de la requerida.

Cobertura de Responsabilidad Civil

La cobertura a terceros es la base de cualquier póliza de seguros de vehículos y se requiere en casi todos los estados. Si usted es responsable por un accidente, su seguro a terceros pagará por lesiones corporales y gastos por daños a la propiedad causada a otros en el accidente y también paga sus cuentas legales. La cobertura por lesiones corporales cubre los gastos médicos y los salarios no devengados. La cobertura de daños a la propiedad paga por la reparación o reemplazo de objetos que usted chocó, pero no su propio vehículo. La otra persona involucrada puede decidir demandarlo para cobrar daños por "dolor y sufrimiento".

Su agente de seguro puede decirle cual es el mínimo nivel de cobertura en su estado. Es bueno comprar más del mínimo requerido. Un accidente serio le costará muchísimo más que esa cantidad, En especial los gastos de hospitalización son muy caros. Si es demandado, podría perder su casa, sus ahorros y cualquier otra pertenencia. Aumentar el seguro de cobertura a terceros no es caro.

Cobertura de Colisión

Si usted ocasiona un accidente, la cobertura de colisión pagará por la reparación de su automóvil. Normalmente no le pagan más del valor actual de su vehículo, el cual no es lo mismo que el costo de reemplazarlo.

La cobertura de colisión es normalmente la parte más costosa del seguro del automóvil. Al escoger deducibles más altos, quizás $500 o $1000, usted puede mantener el costo de la póliza más bajo. Recuerde, usted paga la cantidad del deducible antes que la compañía de seguro pague algún dinero después del accidente, por lo tanto obtenga una cantidad de deducible que usted pueda cubrir.

Cobertura Comprensiva

La cobertura comprensiva cubre pagos por daños a su vehículo que no fueran causados por un accidente: daños por robo, incendio, vandalismo, desastres naturales o atropello de un venado, todo esto califica. La cobertura comprensiva también tiene un deducible y su aseguradora solamente pagará hasta alcanzar valor del vehículo antes de que ocurrieran los daños.

Cobertura de Pagos Médicos

La cobertura "MedPay" paga por los gastos médicos de sus pasajeros después de un accidente en el cual usted estaba conduciendo su vehículo o el de alguien más (con consentimiento) y lesiones que usted o miembros de su

pedestrians. The coverage will pay regardless of who is at fault, but if someone else is liable, your insurance company might sue the responsible person to get the expenses reimbursed from him or her.

BI and No-fault Coverages

Bodily injury protection (BI) and broader no-fault coverages are expanded forms of medical payments protection. Some states require this coverage and some states have optional BI or no-fault coverage. Expanded features might include payments for lost wages and child care while you are recovering.

If you have a good health insurance plan, there might be very little need to buy more than the minimum required BI or MedPay coverages. And, if you already have disability insurance (probably at work), there's little reason to purchase higher-than-minimum amounts of BI. If your health insurance plan changes, remember to change this auto insurance coverage if needed.

Uninsured/Underinsured Motorists Coverages

Uninsured motorists (UM) coverage pays for your injuries if you're hit by a hit-and-run driver or someone who doesn't have auto insurance.

Underinsured motorists (UIM) coverage will pay if the driver who hit you causes more damage than his or her liability coverage can cover. In some states, UM or UIM coverage will also pay for property damages.

UM/UIM is required in many states. You should have at least the minimum amount of UM/UIM because if you can't find the other driver, you'll have some coverage.

Ask your agent about supplemental auto coverages that are available. He or she can help you get the coverages that are needed to protect you and your family. If you don't ever need the insurance, consider yourself very fortunate, but if you do need it, you will also be fortunate to have good coverage.

Personal Umbrella Liability Policy

Because so many people in this country sue others, many people feel they need more liability protection than their standard policies provide. Umbrella policies are available that will start paying when you reach the limit on the liability coverage of your homeowner, renter or auto policy. You might not need this when you first move here, but as your financial wealth grows you may want to check into it.

familia sufrieran cuando circulen como peatones. La cobertura pagará sin importar quien tuvo la culpa, pero si alguien más es responsable, su compañía de seguro puede demandar a la persona responsable para obtener de ella el reembolso de los gastos.

Coberturas de Lesiones Personales y de No-culpa

Las coberturas de protección de lesiones personales ("BI" por sus siglas en Inglés) y la más amplia de "no culpa" son protecciones adicionales para gastos médicos. Algunos estados requieren esta cobertura y otros tienen cobertura BI o de no culpa opcional. Características adicionales podrían incluir pagos por salarios no devengados y por cuidado infantil mientras se recupera.

Si usted tiene un buen plan de seguro médico, podría tener poca necesidad de comprar más que la mínima cobertura de BI o MedPay. Si usted ya tiene un seguro de invalidez (probablemente en el trabajo), hay muy pocas razones para comprar más que el mínimo de BI. Si su plan de seguro médico cambia, recuerde cambiar este seguro del vehículo de ser necesario.

Coberturas de Conductores No Asegurados y Subasegurados

La cobertura de conductores no asegurados ("UM"- por sus siglas en inglés) paga por sus lesiones si usted es golpeado por un conductor que se da a la fuga o por alguien que no tiene seguro de autos.

La cobertura de conductores subasegurados ("UIM"- por sus siglas en inglés) le pagará si el conductor que lo golpeó ocasiona más daños que lo que puede cubrir su seguro de terceros. En algunos estados las coberturas UM o UIM también pagarán por daños a la propiedad.

El UM o UIM es requerido en muchos estados. Usted debe comprar por lo menos la cantidad mínima de UM o UIM porque, si no puede hallar al otro conductor, al menos tendrá algo de cobertura.

Pregúntele a su agente por coberturas de auto complementarias disponibles. El agente puede ayudarlo a obtener las coberturas necesarias para proteger a usted y a su familia. Si usted nunca necesita del seguro, considérese afortunado pero, si le hace falta, será también afortunado en tenerlo.

Póliza Adicional de Responsabilidad Civil

Ya que mucha gente en este país les demanda a otros, algunos sienten que necesitan más protección contra reclamos de terceros de la que proveen sus pólizas normales. Hay pólizas de protección personal disponibles que comienzan a pagar cuando usted alcance el límite en su cobertura de propietario de vivienda, arrendatario o auto. Usted podría no necesitar esta póliza cuando recién se mude aquí, pero a medida que su valor financiero aumente quizás querrá considerarla.

Life insurance

The major reason for owning life insurance is to provide income replacement to your beneficiaries when you die. Life insurance falls into two categories: term and permanent.

Term Life Insurance

Term life insurance provides death benefit protection for a specified period of time (for instance, you might buy a 10-year term policy). Generally speaking, if you're looking for coverage for a short period of time, term life insurance makes sense.

When you have insurance coverage through your employer, it will be term insurance. The day you stop paying term insurance, the insurance stops, which is why the employer offers this type. The day you leave that company, they stop paying and your life insurance coverage stops, too.

Term life insurance is very inexpensive for that same reason. You can even buy $250,000 or $500,000 for a very small payment each month, especially if you are fairly young and a non-smoker. This is what many people do while they have a mortgage on a house. They get a policy on each person on the mortgage, so if one of them dies, the other can completely pay the mortgage and their other bills and not worry about losing their home. If only one of the couple is on the mortgage, it is still a good idea to get a policy on the other one.

> *Term life insurance is very cheap – don't miss any payments or it will stop immediately.*

Premiums will increase as you get older, but term life insurance is usually a good choice for young people who can't afford the higher expense of permanent insurance, or for people covering specific needs that will disappear in time, such as a car loan or a mortgage or for older people who just want some insurance to pay for their funeral or to leave some money to their family.

Non-Guaranteed Term Life Insurance

Non-guaranteed term life provides death benefit protection only for a short time (usually a year). The risk with this is if you get a serious disease, such as cancer or diabetes, during this time, you might not be able to get a new policy once the term is up. If you develop a serious disease and then try to get any kind of life insurance, you might be denied coverage or charged a much higher premium.

Seguro de Vida

La razón principal para poseer un seguro de vida es la de proveer con un reemplazo de ingresos a sus beneficiarios si usted se muere. El seguro de vida se divide en dos categorías: a término y permanente.

Seguro de Vida a Término

El seguro de vida temporal provee beneficios por muerte durante un período de tiempo específico (por ejemplo usted puede comprar una póliza por un término de 10 años). Generalmente hablando, si usted está buscando una cobertura por un corto período de tiempo, el seguro de vida temporal tiene sentido.

Cuando obtiene cobertura de seguro a través de su empleador, éste será un seguro de vida temporal. El día que deje de pagarlo el seguro se cancela. Por eso es que el empleador le ofrece este tipo de seguro. El día que deje la compañía ellos dejan de pagar y su cobertura de seguro se cancela.

> *El seguro de vida a término es muy barato – no deje de pagarlo o se lo cortarán inmediatamente.*

Este tipo de seguro no es caro por esta misma razón. Usted puede comprar $250,000 o $500,000 de cobertura por un monto pequeño cada mes, especialmente si usted es joven y no fuma. Es lo que muchas personas hacen cuando tienen una hipoteca sobre la casa. Obtienen una póliza de cada persona que está en la hipoteca, ya que si alguno de ellos muere, el otro puede saldar la hipoteca y otras cuentas sin tener que preocuparse por perder la casa. Si una sola persona en la pareja tiene la hipoteca, aún es buena idea obtener una póliza a nombre de la otra.

Las primas aumentarán a medida que envejece, pero el seguro de vida temporal es una buena decisión para personas jóvenes que no pueden hacer gastos más altos como un seguro permanente o para personas que se quieren cubrir contra necesidades específicas que desaparecerán en un período de tiempo, tal como un préstamo, hipoteca o para ancianos que solamente quieren el seguro para pagar sus funerales o dejarle dinero a su familia.

Seguro de Vida a Término sin Garantía

El seguro de vida temporal sin garantía proporciona beneficios de muerte solamente por un corto período de tiempo (usualmente un año). El riesgo de esto es que si usted tiene durante ese tiempo alguna enfermedad sería, tal como cáncer o diabetes, probablemente no podrá obtener una nueva póliza una vez que se termine el plazo. Si se le presenta una enfermedad sería y trata de obtener cualquier tipo de seguro de vida, le podrán negar la cobertura o le cobrarán una prima mucho más alta.

Annual Renewable Term Insurance

Annual renewable term insurance offers a longer term, usually 10, 20 or 30 years. By buying a longer term policy, your costs can be stretched out to avoid the annual increases found in non-guaranteed term life. Also, you can renew it each year, even if you can't get any other kind of insurance because of health problems.

Convertible Term Insurance

Convertible term is like annual renewable term but it also offers conversion to a permanent policy in the future, when regular term premiums might become too expensive for you or if you get a disease. Convertible term policies usually provide the maximum protection with the smallest amount of cash required. This is a good choice for anyone, young or old, who is unable to afford the higher cost of permanent insurance but needs maximum life insurance and also wants to have the option of converting to permanent coverage in the future.

Permanent Life Insurance

If you are interested in using the policy as a form of savings, permanent insurance is better for you. It is more expensive than term insurance. The younger you are when you purchase it, the lower your life time premiums will be, since they are based on the age you are when you buy it.

Whole or Ordinary Life Insurance

Whole life policies stretch the cost of insurance out over a longer period of time and your monthly premium stays the same with no increase. You pay for it your entire life, not just a few years like a term policy. Part of your premium payments are invested by the company and the policy earns cash value. If you cancel the policy after paying on it for a few years, the cash value will probably be available to you. You can't personally manage that investment, so it is important to research an insurance company to be sure you are with a good one. Ask your agent about different companies or look on the Internet.

> *There are many different choices when you are buying life insurance. Discuss them with your agent.*

Because the premium payments are higher than term insurance, they could become a burden if your expenses increase or if you lose your job. This is the reason many people buy term life.

Seguro de Vida Renovable Anualmente

Este tipo de seguro ofrece un termino más largo, usualmente 10, 20, 30 o más años. Comprando una póliza de largo plazo, su costo se puede fijar para evitar el aumento anual que se da en las pólizas de vida sin garantía. También puede renovarlo cada año, aunque no pueda obtener ningún otro tipo de seguro debido a problemas de salud.

Seguro de Vida a Término Convertible

El seguro de vida a término convertible es como una póliza a término renovable pero ofrece la posibilidad de convertirla a una póliza permanente en el futuro, cuando las primas de las pólizas regulares a plazo podrían ser muy caras para usted, especialmente si tiene una enfermedad. El seguro de vida temporal y convertible provee la protección máxima con el monto más pequeño requerido en efectivo. Esta es una buena opción para cualquiera, joven o viejo, que no sea capaz de pagar un costo más alto de seguro permanente pero necesita un máximo seguro de vida y también tener la opción de convertirse en cobertura permanente en el futuro.

Seguro de Vida Permanente

Si está interesado en usar la póliza como una forma de ahorro, el seguro de vida permanente es mejor para usted. Es más caro que el seguro a plazo, pero mientras más joven sea cuando lo compre, las primas de su seguro serán mas bajas, ya que están basadas en la edad que tiene cuando lo suscribe.

Seguro de Vida Completo u Ordinario

Las pólizas de vida completa extienden el costo a un período de tiempo más largo y sus pagos mensuales permanecen iguales sin ningún aumento. Usted paga por esto toda su vida, no solamente unos pocos años como la póliza a plazo. Parte de sus pagos de prima son invertidos por la compañía y la póliza gana valor en efectivo. Si usted cancela la póliza después de haber estado pagándola por unos pocos años, el valor del dinero probablemente estará disponible para usted. Usted no puede manejar esta inversión personalmente, por lo tanto es importante que averigüe por una compañía de seguros que usted esté seguro que sea buena. Pregúntele a su agente acerca de diferentes compañías o busque en el Internet.

Hay muchas opciones diferentes cuando esta comprando seguro de vida. Discútalo con su agente.

Ya que los pagos de prima son más altos que los del seguro a plazo, pueden llegar ser un peso si sus gastos aumentan o si pierde su trabajo. Esta es la razón por la cual mucha gente compra seguros de vida a plazo.

Universal Life Insurance

This option offers greater flexibility than either whole life or term life. After your initial payment, you can reduce or increase the amount of your death benefit (to increase the amount, you'll probably have to prove to the insurance company that you are still healthy). Also, after your first payment, you can pay premiums any time, in almost any amount, but you must be within the policy's required minimums and maximums.

You'll have to watch these policies closely to keep sufficient funding (possibly needing to pay an additional premium), especially because the insurance company can increase charges. Part of your premium is invested by the insurance company and earns cash value, too. It is important to be careful when choosing an insurance company, whatever type of insurance you buy. There are many very good companies available, ask your agent.

Variable Life Insurance

There are both Universal Variable Life and Whole Variable Life. This option provides death benefits and cash values that fluctuate with the performance of the investments that you choose (you'll receive a list along with your policy). The cash value is not guaranteed, but you get to choose where your premium dollars go among the investments in the portfolio. While there is no guaranteed cash value, you have control over your money and can invest it according to your own comfort for risk.

Finding an Insurance Company

To find any insurance company, ask friends and neighbors or look in the telephone book for the name of a company. You can check the Internet for the names and history of companies or call:
National Insurance Consumer Helpline (NICH)
1-800-942-4242.

Seguro de Vida Universal

Esta opción ofrece una flexibilidad más grande que la de vida completa o vida a plazo. Después de su pago inicial, usted puede reducir o incrementar el monto de beneficio de muerte (para incrementar el monto usted probablemente tendrá que probar a la compañía de seguro que todavía está en buena salud). También, después de su primer pago, usted puede pagar su prima cuando quiera por casi cualquier monto, pero debería estar dentro de los requerimientos mínimos y máximos de la póliza.

Usted deberá observar estas pólizas muy detalladamente para mantener suficientes fondos (posiblemente pagando una prima adicional), especialmente porque la compañía de seguro puede incrementar los costos. Parte de su prima es invertida por la compañía de seguros y también le agrega valor a su dinero. Es importante ser cuidadoso cuando escoja una compañía de seguros, cualquiera que sea el tipo de seguro que compre. Hay muchas compañías muy buenas disponibles, pregúntele a su agente.

Seguro de Vida Variable

Hay dos tipos de seguro de vida, uno variable universal y otro variable completo. Estas variantes proveen beneficios de muerte y un valor en dinero que cambia en base a las opciones que usted escoja para las inversiones (recibirá una lista junto con su póliza). El valor del dinero no es garantizado pero usted puede escoger donde van los dólares de su prima en la cartera de inversión. Mientras que no haya garantía en el valor del dinero, usted tiene el control y puede invertirlo de acuerdo al riesgo en que se sienta cómodo.

Encontrando una Compañía de Seguros

Para encontrar una compañía de seguros, pregúnteles a sus amigos y vecinos o busque en la guía telefónica el nombre de una en particular. Puede verificar en Internet el nombre e historial de las compañías o llamar a la línea nacional de ayuda al consumidor de seguros, por sus siglas NICH en inglés que significan "National Insurance Consumer Help", al 1-800-942-4242.

Social Security Number (SSN)

You need a Social Security number to work here. Whether you are admitted to the U.S. by the Immigration and Naturalization Service (INS) or born here, you need a SSN to work here.

Even if you don't have permission to work, state and local governments sometimes require you to have a Social Security number to administer laws related to taxes, driver license or vehicle registration.

You can still get a number and card, even though you do not have permission to work here, if you prove that you need a Social Security number. The card will state "Not Valid for Employment" and you will have to get it changed to start working when you become eligible.

There is no charge to apply for a Social Security number, don't pay anyone to get it for you. There are forms to fill out and documents you will have to provide to prove your lawful status, read the instructions on the forms very carefully.

As a lawfully admitted alien, you can obtain many benefits and services without having a number, even though you may be asked to give one. The Social Security Administration can give you a letter that states that no number is assigned or necessary.

If banks ask for a number in order to open a bank account for you, contact the IRS (Internal Revenue Service) at 1-800-829-1040 for information on how to get an Individual Taxpayer Identification Number (ITIN) for this purpose.

Contact the Social Security Administration (SSA) at 1-800-772-1213 for information, forms and any letters you need.

Why You Need a Social Security Card

A Social Security card contains a unique, nine digit Social Security Number, issued to you by the Social Security Administration (SSA).

The Social Security Number (SSN) is used by government agencies, schools and businesses to identify people in this country. It is a very important identifying number and will stay with you for the rest of your life. Every working person and taxpayer in the United States must have a social security number and everyone's number is different.

Protect your SSN and always make sure the correct one is being used.

Even young children have Social Security numbers because parents must show the number on their tax return to claim them as dependents. It is common for parents to get social security numbers for their babies when they are born.

It's very important that you always use the correct number. Make sure

Número de Seguro Social (SSN)

Usted necesita un número de Seguro Social para trabajar aquí. S ha sido admitido a los Estado Unidos a través del servicio de Inmigración y Naturalización (INS) o si nació aquí, usted igual necesita un SSN para trabajar.

Aunque no tenga autorización para trabajar, el gobierno estatal o local a veces requiere que obtenga un número de seguro social para cumplir con las leyes relacionadas a los impuestos, licencias de conducir o registro de vehículos.

Usted puede obtener un número y tarjeta aunque no tenga permiso para trabajar si puede probar que necesita un número de seguro social. La tarjeta dirá "no valida para trabajar" ("Not Valid for Employment") y la tendrá que cambiar cuando sea elegible para trabajar.

No le cobrarán para solicitar un número de seguro social. No le pague a nadie para obtenerlo. Hay formularios que puede llenar y documentos que puede mostrar para probar su situación legal. Lea las instrucciones de los formularios muy cuidadosamente.

Siempre proteja su número de seguro social y asegúrese que se esté usando el correcto.

Como un extranjero admitido legalmente, usted puede obtener muchos beneficios y servicios sin tener un número de SSN, a pesar de que le puedan pedir uno. La administración del seguro social puede darle una carta que diga que no es necesario asignarle un número.

Si un banco le pide un número para abrir su cuenta bancaria, contacte al IRS al 1-800-829-1040 para informarse acerca de cómo obtener un número de identificación individual de impuestos, que por su sigla en inglés "ITIN" significa "Individual Taxpayer Identification Number".

Llame a la administración de seguro social (sus siglas en inglés "SSA" significan Social Security Administration) al 1-800-772-1213 para información, formularios y toda nota que usted necesite.

¿Por Qué Necesita una Tarjeta de Seguro Social?

La tarjeta del seguro social contiene un número único de 9 dígitos otorgado por administración de seguro social.

El número del seguro social lo usan las agencias del gobierno, escuelas y negocios para identificar a la gente de este país. Es un número de identificación muy importante y permanecerá con usted por el resto de su vida. Cada persona que trabaje y pague impuestos en los Estados Unidos debe tener un número de seguro social y cada número es diferente.

Hasta los niños pequeños tienen número de seguro social ya que los padres deben mostrar el número en sus impuestos para deducirlos como dependientes. Es común que los padres obtengan un número de seguro social para sus bebes cuando nazcan.

the name you give your employer is exactly the same as the name shown on your Social Security card. If you ever change your name, you should change the name on your Social Security card, too. Social Security does not charge for this service either.

What is Social Security?

Social security is the term for the financial benefits available, from the U.S. federal government, to all workers. Most workers in the U.S. receive Social Security benefits at some time in their lives. It could be during their working lives if they become disabled and are unable to work; it could be when they retire and collect retirement benefits or they might be eligible for survivors' benefits if their spouse or parent dies during his or her working life.

The three main programs that SSA administers are:

Social Security Survivors Benefits which pay benefits to a deceased worker's family. It will pay for the worker's children until they are about 18 years old.

Social Security Disability Benefits which protect a worker who becomes mentally or physically disabled and can't work.

Social Security Retirement Benefits which pay monthly retirement payments to more than 30 million retired workers and their families. People have to work in this country at least 10 years to receive benefits.

These three programs are all funded by payroll tax deductions – that means by every worker in U.S. Social Security taxes are also known as FICA (Federal Insurance Contribution Act) and are taken out of your pay. These taxes cover Social Security and Medicare and your employer pays a matching amount for you. Once you are in the SSA system, you begin accumulating credits toward future benefits. When you are eligible for benefits, you apply to the Social Security Administration to receive them.

If you hear someone say, "I'm on disability." That usually means he or she is a disabled worker who is collecting Social Security disability benefits. Or if they say, "I'm on Social Security" they are probably retired and collecting Social Security retirement benefits.

How Is the Money Used?

Out of every dollar paid in Social Security and Medicare taxes, 69 cents goes to a trust fund that pays retirement and survivor benefits, 19 cents goes to a trust fund that pays Medicare benefits and 12 cents goes to a trust fund that pays disability benefits.

Es muy importante que siempre use el número completo. Asegúrese que el nombre que le da a su empleador es el mismo que aparece en su tarjeta de seguro social. Si alguna vez cambia de nombre deberá también cambiar el nombre en la tarjeta de seguro social. El seguro social tampoco cobra por este servicio.

¿Qué es el Seguro Social?

Se denomina seguro social a los beneficios financieros del gobierno federal de USA para todos los trabajadores. Muchos trabajadores en este país reciben beneficios del seguro social alguna vez en su vida. Podría ser durante su vida de trabajo si llegaran a tener impedimentos físicos y no pudieran trabajar, cuando se jubilen y reciban beneficios de jubilación o podrían ser elegibles para beneficios de sobreviviente si su esposo(a) o padres mueren durante su vida de trabajo.

Los tres programas principales que administra el SSA son:

Beneficios de seguro social de sobrevivientes, que pagan beneficios a la familia de los trabajadores que han fallecido. Lo pagaran a los niños de los trabajadores hasta que tengan 18 años de edad.

Beneficios de seguro social de incapacidad, el cual protege a los trabajadores que se ven inhabilitados mental o físicamente y no pueden trabajar.

Beneficios de jubilación del seguro social, el cual paga la jubilación mensual a más de 30 millones de trabajadores retirados y a sus familias. La persona que ha trabajado por lo menos diez años recibe estos beneficios.

Estos tres programas están financiados mediante deducciones de impuestos en nómina, esto significa que todo trabajador en USA paga impuestos de seguro social, también conocidos como FICA (Federal Insurance Contribution Act) y son deducidos de su salario. Estos impuestos cubren el seguro social y Medicare. Su empleador paga la otra mitad por usted. Una vez que está en el sistema del SSA usted comienza a acumular crédito para sus beneficios futuros. Cuando usted sea elegible para estos beneficios, informe a la administración del seguro social para comenzar a recibirlos.

Si usted escucha a alguien que dice, "I am on disability", usualmente significa que él o ella son trabajadores incapacitados que están recibiendo beneficios por incapacidad del seguro social. Si dicen, "I am on social security" ellos probablemente están jubilados y recibiendo beneficios de jubilación del seguro social.

¿Cómo se Usa el Dinero?

De cada dólar pagado por impuesto de seguro social y Medicare, 69 centavos van a un fondo de seguridad que se usa para pagar jubilación y beneficios de sobreviviente, 19 centavos van a otro fondo que paga beneficios de Medicare y 12 centavos van a un fondo que paga beneficios de incapacidad.

Be Very Careful with Your SSN

There is no law that either authorizes or prohibits the use of Social Security numbers by organizations other than government agencies. Many government agencies, schools and businesses use Social Security numbers to identify people.

Your Social Security number is usually needed when opening a bank account, registering for school, on tax documents and for payroll purposes. Banks use the numbers to report interest earned on your accounts to the Internal Revenue Service (IRS), and government agencies use Social Security numbers to stop fraud and abuse. You will have to provide this number when applying for loans, credit cards and mortgages, they will use it then to check your credit history.

Your Social Security card is not an identification card. If a company other than the types listed above asks for your Social Security number, ask the manager why they need it and refuse to give it to them if they don't have a good reason. Very often, they don't even know why they ask for it, it is just something they have always done. Keep your card in a safe place and *never* let anyone else have it. If criminals get that number, they can steal your identity. (See "Identity Theft") The SSA will not help you straighten out your credit record if someone has opened accounts with your Social Security number and they won't give you a new number. It is yours for life, you are responsible for it and you only get one.

> *This number stays with you your whole life. You cannot get a new one.*

When you start a job, look at the forms and your first paycheck to be sure they have the right number and correct spelling of your name. When you get your W-2 form (the statement of earnings you get from your employer each year) make sure your name and number are correct.

If your employer uses the wrong Social Security number for you, your earnings will be credited to someone else. If you discover the W-2 form is wrong, it must be corrected before you file your tax return. Your employer has to notify the IRS and you will receive a new W-2. Telephone numbers will be with the form or look for the IRS in your telephone book in the federal government section.

Tenga Mucho Cuidado con Su Número de Seguro Social

No hay leyes que prohíban el uso de los números de seguro social por organizaciones no gubernamentales. Muchas agencias del gobierno, escuelas y negocios usan el número de seguro social para identificar a la gente.

Su número de seguro social normalmente se requiere cuando abra una cuenta bancaria, se inscriba en la escuela, en formularios de impuestos y para el pago de salarios. Los bancos usan el número para informar el interés ganado en su cuenta al IRS y las agencias del gobierno usan los números de seguro social para detener el fraude y abuso. Deberá facilitar este número cuando solicite préstamos, tarjetas de crédito o hipotecas. Lo usaran para verificar su historial de crédito.

Su tarjeta y número de seguro social no es una identificación. Si cualquier otra organización que no sean las mencionadas en la lista de arriba le piden su número de seguro social, pregúntele al gerente por qué lo necesitan y rehúsese a dárselos si no tienen una buena respuesta. A menudo ellos ni siquiera saben por qué lo piden, es algo que siempre han hecho. Mantenga su tarjeta en un lugar seguro y nunca deje que nadie la obtenga. Si los criminales

> *Este numero le pertenecerá toda su vida. No puede obtener uno nuevo.*

obtienen su número pueden robarle su identidad. (Vea "Robo de Identidad"). El SSA no le ayudará a corregir su historial de crédito si alguien ha abierto cuentas con su número de seguro social y no le asignarán un nuevo número. Es suyo de por vida, usted es responsable por él y solamente obtendrá uno.

Cuando comience un trabajo, revise las planillas y su primer cheque de pago para asegurarse de que tenga el número correcto y de que su nombre esté escrito correctamente. Cuando obtenga su formulario W-2 (la información de ingresos que obtiene de su empleador cada año) asegúrese que su nombre y número estén correctos.

Si su empleador usa un número de seguro social incorrecto, sus ganancias serán acreditadas a otra persona. Si usted descubre que el W-2 tiene errores, llame a su empleador para que haga las correcciones antes de que presente la declaración de impuestos. Los números telefónicos del IRS se encuentran en las planillas o busque en la guía telefónica al IRS en la sección del gobierno federal.

U.S. Driver Licenses

Driver licenses are issued by each state for its residents and are required for operating all motor vehicles. They can also be used as photo identification. You can use a driver license as identification when cashing checks and buying alcoholic beverages and tobacco. Most states' driver licenses can also be used as identification when boarding airline flights.

If people have a license in one state and move to another state, they have to get a new license and turn in the old one. If you don't drive but still need an identification (ID) card, ask for it at the same place you would get a driver license. They will tell you what proof of identity you need besides your passport.

It is very important to get a driver license. Don't think that just because you are a good driver that you don't have to take the test and get a license. It is a serious offense to drive without a valid license in this country, even if your home country wasn't very strict about licenses.

If you want to be an organ donor, you can indicate that decision on the front of your driver license. Be sure your family is aware of this decision, too. Many states allow citizens to register to vote when they apply for their license, this saves time since you can take care of both things at once. If you see the term "motor voter", that is what it means.

How to Get Your License

Requirements, fees and procedures for driver licenses vary from state to state. A few states might allow certain new residents to use the driver license from their former state or home country until the license expires. For specific rules, contact the Division (or Department) of Motor Vehicles (DMV). Look in the telephone book in the state government section: some books actually list Driver Licenses under the DMV listing. You get your license plate at the DMV, too, although possibly at a different office than you get the driver license. Call them and ask before you go.

Decide the type or "class" of license you need, this will depend on what you will be driving. Most people need a passenger vehicle license, but if you want to drive motorcycles, trucks, mopeds and some other vehicles, you will need a special license in addition to a passenger vehicle license. The minimum age for drivers in most states is 16, with the parents' permission.

Each state's requirements vary so you should call before you go there and ask what you have to bring. You probably will have to provide at least two forms of identification to prove identity and birth date. You don't want to wait in a long line and then get to the front to discover you don't have the papers you need.

Licencias de Conducir en USA

Las licencias de conducir son emitidas por cada Estado para sus residentes. Se requieren para operar todos los vehículos a motor y también se usan como una forma de identificación con foto. Cuando usted tiene que probar su identidad o su edad, como por ejemplo para abordar líneas aéreas, cobrar cheques o comprar bebidas alcohólicas, su licencia de conducir será su identificación.

Si una persona tiene una licencia de un Estado y se muda a otro, tiene que obtener una nueva licencia y regresar la anterior. Si no conduce pero necesita una tarjeta de identificación (que por sus siglas en inglés "ID" significan Identification Card), pregunte en el mismo lugar donde usted obtendría una licencia. Ellos le dirán que tipo de prueba de identidad necesita aparte de su pasaporte.

Es muy importante obtener una licencia de conducir. No piense que solamente porque usted es un buen conductor no necesita tomar el examen y obtener una licencia. Es una falta grave conducir sin una licencia válida en este país, aunque su país nativo no sea muy estricto con las mismas.

Si quiere ser un donante de órganos usted puede indicar esa decisión en la parte del frente de su licencia de conducir. También asegúrese que su familia éste en conocimiento de esto. Muchos Estados permiten que los ciudadanos se registren para votar al solicitar su licencia. Esto puede ahorrar tiempo porque usted puede hacer, las dos cosas al mismo tiempo. Si usted ve la palabra "voter", eso es lo que significa.

Como Obtener Su Licencia de Conducir

Los requerimientos, tarifas y procedimientos para la licencia de conducir varían de estado a estado. Algunos estados permitirán a los nuevos residentes que usen la licencia de conducir de su antiguo estado o país hasta su fecha de vencimiento. Para reglas específicas, contacte al Departamento de Motores y Vehículos (que por sus siglas en inglés "DMV" significa Department of Motor Vehicles). Busque en la guía telefónica bajo la sección gubernamental. Algunas guías tienen en su listado, bajo licencias de conducir, al DMV. Usted también puede obtener sus placas en el DMV. Sin embargo puede ser posible que esté en una oficina diferente de donde obtiene su licencia de conducir. Llámelos y pregunte antes de ir.

Decida que tipo o "clase" de licencia necesita usted. Esto dependerá de lo que usted estará conduciendo. Mucha gente necesita una licencia de vehículo de pasajeros, pero si usted quiere conducir motos, camiones, motocicletas o algún otro vehículo, usted necesitará una licencia especial en adición a la licencia de vehículos de pasajeros. La edad mínima de los conductores en muchos estados es 16 años, con permiso de los padres.

Los requerimientos de cada estado varían, por lo tanto deberá llamar antes de ir y preguntar qué debe llevar. Probablemente tendrá que presentar dos formas de identificación para probar su identidad y fecha de nacimiento. Usted no querrá esperar en una línea larga y descubrir, al llegar al frente de la línea, que no tiene todo los papeles necesarios.

Driver License Tests

Driver license offices have free books available for you to study and prepare for the test. Some states have the book in another language besides English, so ask if they have one for you. This book lists all the speed limits, pavement markings and regulations in your state. It will have pictures and names of signals and signs and many of these will be on the test. States have different laws, if you are moving from a different state, you should read the book to learn the local laws.

The book explains and illustrates many safe driving skills and tips that you must know and practice, both to pass the test and to be a good driver. It explains the punishments and fines for breaking traffic laws.

This book tells you *exactly* what to do if you are stopped by a police officer. People sometimes get hurt by the police because they jump out of their car or reach for things inside when they are stopped. Read the book and remember what it tells you to do if a police officer stops your car.

The book tells you what to do when an emergency vehicle approaches on your side of the road or on the other side. It also tells when it is legal to pass a stopped school bus and precautions to take when you are driving through a work zone. It also gives you the seat belt and child safety seat laws.

You absolutely must read this book, even if you think you're already a good driver. If you can't read English very well, have someone help you. It is necessary to learn what to do in certain circumstances and they are explained in the book. It might also have some tips on how to drive in bad weather. *This book is very important: following what is in it might save your life.*

Minimum test scores are required on the written test and they vary from state to state. In some cases, oral tests are allowed. Most people take the written test and the vision and hearing test one day and then go back for the driving test.

When you pass the written test, you receive a "learner's permit" to drive with certain restrictions, until you go back and pass the driving test.

You must provide the vehicle for the driving test. A driver license examiner will ride with you while you are driving and will decide if you can drive the vehicle safely and obey traffic laws. If you fail the test, the examiner will tell you what you did wrong and you can go back another day and take the test again.

DWI or DUI

Drinking and driving is a very serious problem here. Many immigrants think they can do what they did in their home country and they will be safe. In their country they might drive extremely slowly and

Exámenes Para la Licencia de Conducir

Las oficinas de licencias de conducir tienen libros gratuitos disponibles para que se prepare para el examen. Algunos estados tienen el libro en otros idiomas además del inglés. Pregunte si tienen uno para usted. Este libro enumera los límites de velocidad, marcas en el pavimento y las reglas en su estado. El mismo tendrá fotos y señales de tránsito y muchos de ellos estarán en el examen. Los estados tienen leyes diferentes. Si se muda de un estado a otro tendrá que leer el libro con las nuevas leyes locales.

El libro explica e ilustra muchos de los conocimientos que debería saber y practicar, tanto para aprobar el examen como para ser un buen conductor.

También explica las multas y penalidades por violar las leyes de tránsito.

Este libro le dice *exactamente* qué debe hacer si a usted lo para un oficial de policía. Algunas personas son lastimadas por la policía porque se salen del vehículo o tratan de buscar algo adentro cuando los detienen. Lea el libro y acuérdese qué es lo que dice acerca de lo que debe hacer cuando un oficial de policía detiene su vehículo.

El libro dice lo que debe hacer si un vehículo de emergencia se le acerca en su lado o en el otro lado de la vía. También le dice que no es legal pasar a un autobús escolar que éste parado recogiendo niños y las precauciones a tomar cuando conduce en una zona en construcción. También dirá cuáles son las leyes de cinturón de seguridad y los asientos de seguridad para niños.

Tiene que leer este libro a pesar de que piense que es un buen conductor. Si usted no puede leer inglés bien, busque alguien que lo ayude. Es necesario que aprenda lo que tiene que hacer en ciertas circunstancias y esa explicación está en el libro. También podría haber consejos de como conducir con mal tiempo. *Este libro es muy importante ya que si hace todo lo que enél está podría salvar su vida.*

Se requiere un puntaje mínimo para el examen escrito y éste varía de estado a estado. En algunos casos permiten un examen oral. Muchas personas toman el examen escrito, de la vista y el auditivo el mismo día y después regresan para el examen de conducir.

Cuando pase el examen escrito, recibirá un permiso de aprendiz (learner's permit) para conducir con ciertas restricciones hasta que pueda regresar y apruebe el examen de conducir.

Usted tiene que proveer el vehículo para el examen. El examinador de la licencia irá con usted en el vehículo cuando este conduciendo para el examen y decidirá si conduce su vehículo con cuidado y obedeciendo las leyes de tránsito. Si no pasa el examen, el examinador le dirá qué hizo mal y cuándo puede regresar a tomar su examen de nuevo.

Conduciendo Intoxicado de Alcohol (DWI o DUI)

Conducir después de consumir bebidas alcohólicas es un problema muy serio aquí. Muchos inmigrantes piensan que pueden hacer lo mismo que hacían en su país y estar a salvo. En su país usted puede conducir muy despacio y con cuidado cuando toma mucho y raramente tendrá un accidente porque todos se mantienen fuera de su camino. En este país, si usted ha tenido

carefully when they drink too much and they rarely have accidents because everyone stays out of their way. In this country, if you have had more than a drink or two, you should have someone else drive you home. You can't drive extremely slowly because that will probably cause an accident, too.

Driving While Impaired (DWI) or Driving Under the Influence (DUI) is the official name of this offense.

If the police stop you and decide that you are over the legal blood/alcohol limit, you will lose your license and you will be fined. Most states revoke your license immediately for at least 30 days, meaning your car will be left on the side of the road. If you are convicted for that DWI, you will usually lose your license for a year. If you are then caught driving without a license you will get a larger fine and lose your license for an even longer period of time.

Each state has different laws, although all states are getting tougher on drinking drivers. Most states don't allow any open containers of alcohol in the vehicle, require people who have had two DWI convictions to serve a jail sentence and require anyone convicted of DWI to go to substance abuse classes. In some cases your car can be taken by the police and sold and you do not get the money. *Repeated convictions can result in deportation, even if you are a legal permanent resident.*

Your Driver License Card

Your driver license card is plastic laminated and contains your photo, a number and information such as your name, address, date of birth, eye color, height and weight. License class (car, motorcycle, truck), the license's issue and expiration dates and any restrictions (glasses) are included, also.

Driver licenses, valid for a variable number of years, should be with you every time you drive, or you could get a ticket for driving without a license. Even if you are not driving, it is the best form of identification to carry, so you really should have it with you at all times.

If your state wants to put your Social Security number on the license, ask them to put a different number there. Identity theft is easier when your SSN is printed there. (See "Identity Theft")

Always report any address or name change to your state DMV. If you are in an accident and the police go to the address on your card to notify your family, it should be the correct address.

If your license is received in duplicate, lost or stolen, you must report it to the DMV and get a new license. A notice will be mailed to you before your license expires (usually your birthday) and you will have to get it renewed. You may have to take a short written and eye test, but rarely have to take a driving test for renewal.

más de una o dos bebidas, deberá contar con alguien que lo conduzca hasta su casa. Usted no puede conducir muy despacio porque eso también puede causar un accidente.

Conduciendo Mientras está Incapacitado (por sus siglas en inglés "DWI" o Driving While Impaired) o Conduciendo Bajo la Influencia (por sus siglas en Inglés "DUI" o Driving Under de Influence) es el nombre oficial de esa ofensa.

Si la policía lo detiene y decide que usted esta por encima del limite legal de alcohol en sangre, perderá su licencia y le darán una multa. Muchos estados revocan la licencia inmediatamente por 30 días y su vehículo será remolcado y confiscado. Si a usted lo encuentran culpable de DWI, usualmente perderá su licencia por un año. Si luego lo atrapan conduciendo sin licencia le darán una multa más alta o perderá su licencia por un período más largo.

A pesar de que cada estado tiene leyes diferentes, todos se están poniendo más estrictos hacia los conductores que toman y conducen. Muchos estados no permiten un envase de alcohol abierto en su vehículo y requieren que las personas que han sido convictas por dos DWI cumplan una sentencia en la cárcel y asistan a clases de abuso de sustancias. En algunos casos su vehículo puede ser confiscado y vendido por la policía y usted no recibirá dinero. *Repetidas violaciones de transito u otro pueden resultar en deportacion, aunque sea un residente legal en este páis.*

Su Licencia de Conducir

Su licencia de conducir es de plástico laminada y contiene su fotografía, un número e información tal como su nombre, dirección, fecha de nacimiento, color de los ojos, estatura y peso. También el tipo de licencia (automóvil, moto o camión), la fecha de expedición y vencimiento y cualquier otra restricción (como lentes).

La licencia de conducir es válida por un número variable de años y debe permanecer en su poder cada vez que conduzca o le podrían dar una multa por conducir sin ella. Así no esté conduciendo, esa es la mejor identificación que puede llevar. O sea que debería permanecer en su poder todo el tiempo.

Si su estado quiere poner su número de seguro social en la licencia pídale que pongan un número diferente. El robo de identidad es más fácil cuando su número de seguro social esta impreso allí. (Vea "Robo de Identidad")

Siempre informe cualquier cambio de nombre, dirección o seguro al DMV de su estado. Si es usted esta involucrado en un accidente y la policía va a la dirección que figura en su licencia de conducir a notificarle a su familia, esta deberá ser la correcta.

Si su licencia es recibida por duplicado, se pierde o se la roban, tiene que informarlo al DMV y obtener una nueva licencia. Se le enviará un aviso por correo antes de la fecha de vencimiento (usualmente es en su fecha de cumpleaños) y tendrá que renovarla. Tendrá que tomar un examen escrito corto y el examen de la vista, pero raramente tendrá que tomar el examen de conducir para su renovación.

Car Buying & Leasing

Buying or leasing a car is the second largest expense most people have (the purchase or rental of their home is the largest expense). Many car shoppers don't understand the differences between buying and leasing, or how to determine which is right for them.

The secret to making a successful car purchase is to be prepared. This will help reduce the chance of making a mistake, paying too much for a car or being cheated. You'll feel less pressure and you'll be much more likely to negotiate a good deal.

Before you go to the dealer or meet with a private seller, know what model and options you want. You should have a good idea of the average price of the car you want and how much you are willing to spend. If you plan to get a loan for the car, know what financing options are available. You should know how the auto sales or leasing business works, and what your rights and responsibilities are as a buyer or lessee. Whether you plan to buy or lease, negotiating the best price is extremely important.

Leasing a Car

When you lease a car, you are actually renting the car for long-term use. Many experts suggest that you don't even mention you are interested in leasing until after you have agreed on the price of the car. After you agree with the dealer on the car price, then it's time to discuss leasing or getting a loan for it.

You also have to negotiate a lease that is the best one for you, your budget and driving patterns. Lease agreements are more complicated than new car purchase loans. You'll have to be very careful and negotiate a good lease agreement. Look at leasing information from more than one dealer, to see if one has lower fees or better terms or benefits.

Leasing Advantages

There are advantages to leasing a car instead of buying it:

Low down payment: you can often get the dealer to waive any down payment just by asking. You'll have to have enough cash for fees, the first payment and sometimes a security deposit. Of course, the more cash you come up with at the beginning, the lower your monthly payments will be.

Low monthly payments: you are only paying off the depreciation on the car, so your monthly payments are much lower than financing the purchase over the same period of time.

New cars: if you like a new car every two-four years, this is a good

Comprando y Alquilando un Vehículo

El segundo gasto más grande que la gente hace es la compra o el alquiler de un vehículo (la compra o alquiler de su hogar es la más grande). Muchos compradores de vehículos no entienden la diferencia entre comprar y alquilar o como determinar cuál de las dos es la más conveniente para ellos.

El secreto para hacer una compra de vehículo satisfactoria es estar preparado. Esto lo ayudará a reducir la probabilidad de cometer algún error, pagar demasiado por un automóvil o que lo estafen. Sentirá menos presión y tendrá más probabilidad de hacer un buen trato.

Antes de que vaya al negocio de automóviles o se encuentre con un vendedor privado, sepa qué modelo y alternativa necesita. Deberá tener una buena idea del precio promedio del vehículo que quiere y cuánto esta dispuesto a gastar. Si planea obtener un préstamo para comprar su vehículo, sepa cuáles son las opciones de financiamiento disponible. Debe tener conocimientos acerca de cómo funciona el negocio de compra y alquiler de vehículos y cuales son sus derechos y responsabilidades como comprador o arrendatario. Ya sea que planee comprar o arrendar, negociar el mejor precio es extremadamente importante.

Rentando un Vehículo

Cuando rente un vehículo, usted está en realidad rentándolo para usarlo por un largo tiempo. Muchos expertos sugieren que no mencione que esta interesado en rentar un vehículo hasta que esté de acuerdo con el precio. Después que acuerde con el vendedor de vehículos el precio, será hora de discutir la renta del mismo y obtener un préstamo.

También tiene que negociar la renta más ventajosa para usted en base a su presupuesto y hábitos de manejo. Los contratos de renta son más complicados que los de un préstamo para un vehículo nuevo. Tendrá que tener mucho cuidado para negociar un buen contrato de renta. Revise la información de renta de más de un vendedor de vehículos, para ver si alguno tiene tarifas más bajas, mejores términos o beneficios.

Ventajas de Rentar un Vehículo

Hay varias ventajas rentando un vehículo en vez de comprarlo:

El pago inicial es más bajo y a veces puede convencer al vendedor que elimine el pago inicial con solamente pedirlo. Tendrá que tener suficiente dinero en efectivo para los gastos, el primer pago y, a veces, un depósito de seguridad. Por supuesto, mientras más dinero en efectivo tenga al comienzo, más bajos serán los pagos mensuales.

Bajos pagos mensuales: Usted está pagando solamente la depreciación de su vehículo, por lo tanto los pagos mensuales son más bajos que el financiamiento de una compra por el mismo período de tiempo.

way to get it. If you keep cars five years or more, you shouldn't lease.

Easy turnover: if your car is in good shape when your lease term is over, you go to the dealer, give him the keys, and drive out with a brand new car and a new lease agreement. You won't have to bother with selling the car or talking with anyone about trade-in value. If you don't want another car, you just leave. Or you can buy the car (cash or a loan) at the end of your lease, for the price that was set in advance or probably even a better price.

> *Compare buying and leasing and get the best deal you can. Be ready to negotiate.*

Deduction for business: if you use your car for business, you can deduct a larger portion of the payments than you can for a car you buy.

Leasing Disadvantages

Whenever there are advantages, there are also disadvantages:

No equity: just like paying rent on an apartment, your lease payments don't go towards buying it.

Not much flexibility: you pay a big penalty if you have to cancel the lease before the end. It could cost as much as six extra payments, so think seriously before you cancel and don't do it unless absolutely necessary.

Extra charges: most leases are for 12,000-15,000 miles per year and they charge an extra 12-15 cents for each mile you drive over that. So be sure ahead of time that the mileage allowance is right for you. Buy more miles at the beginning of the lease if you think you will need them. If there is any damage to the car beyond normal wear and tear when you turn it in, you'll have to pay extra for it. If you regularly carry children or dogs, etc. in your car, you will probably do some damage to the inside and might be better with a car that you purchase.

Insurance: if you wreck the car or it gets stolen, your insurance will only reimburse you for the car's market value, which might not be enough to cover the amount you still owe on your lease. You can buy extra "gap coverage" to protect against this, some lease deals include it automatically. Ask the dealer about this.

Buying a New Car

Consider buying your car if you expect to drive it for five years or more. Most loans are for five years and once you pay off your auto loan, you'll have a car that is paid for. If you drive your car more than 18,000 - 20,000 miles a year, you will be better with a car you purchase. Mileage that high is very expensive on a lease.

In the long run, buying a new car is cheaper than leasing it, but you

Vehículos nuevos: Si le gusta tener un vehículo nuevo cada 2 a 4 años, ésta es una buena manera de obtenerlo. Si planea quedarse con un vehículo por 5 o más años, no debería rentar.

Fácil recambio: Si su vehículo está en buenas condiciones cuando se termine el término de su contrato, vaya al negocio de vehículos, regrese las llaves y salga conduciendo un nuevo vehículo con un nuevo contrato de renta. No tiene que preocuparse por venderlo o por hablar con alguien acerca del valor de recambio del vehículo. Si no quiere otro vehículo, simplemente regréselo. Usted también puede comprar el vehículo en efectivo o con un préstamo cuando finalice el contrato de renta por el precio establecido al principio o, probablemente, uno mejor.

Deducción para un negocio: Si usa el vehículo para su negocio podrá deducir de impuestos una mayor porción de sus pagos que si fuese un vehículo comprado.

Desventajas de Rentar un Vehículo

Donde hay ventajas también hay desventajas:

No gana capital: Así como cuando paga la renta de su apartamento, sus pagos de renta de vehículo no van hacia la compra.

No hay mucha flexibilidad: Usted paga una penalidad importante si tiene que cancelar la renta antes de que se termine. Podría costar tanto como los pagos remanentes de renta, por lo tanto piénselo muy seriamente antes de cancelar y no lo haga al menos que sea absolutamente necesario.

Cargos adicionales: Muchas rentas incluyen 12,000 a 15,000 millas por año y cobran 12 a 15 centavos por cada milla adicional que use el vehículo. Por lo tanto asegúrese que las millas incluidas son las necesarias para usted. Compre más millas al comienzo de la renta si cree que necesitará más. Si cuando regrese el vehículo hay algún daño además de los ocasionados por el uso normal, usted tendrá que pagar extra por eso. Si usted lleva

> *Compare entre comprar y rentar y efectué el mejor negocio que pueda. Este listo para negociar.*

regularmente a niños, perros, etc. en su vehículo, usted probablemente tendrá daños adentro y será mejor que compre un vehículo.

Seguro: Si choca su vehículo o si se lo roban, su seguro le reembolsará el valor actual del vehículo, el cual puede no ser suficiente para cubrir el monto que todavía debe por la renta. Usted puede comprar cobertura "gap" para protegerse de esto. Algunos contratos de renta la incluyen automáticamente. Pregúntele al vendedor de vehículos acerca de esta cobertura.

Comprando un Vehículo Nuevo

Considere comprar de un vehículo nuevo si espera manejarlo por 5 años o más. Muchos préstamos son por ese período de tiempo y, una vez pago, tendrá un vehículo sobre el que no debe nada. Si maneja su vehículo más de

will have to have at least 10% as a down payment at the beginning. It needs more cash at the start and your monthly payments will be higher, but you will have a car that is paid for in five years. Or you can use the equity you have built up to trade it in on your next car.

Buying a Used Car

Maybe a used car would be better for you. If you have some money saved and don't want to make big monthly payments, an older used car is a great idea because you could pay for it all at once. If you are not going to finance the used car, you'll only be required to get liability insurance (see "Auto Insurance") which is much cheaper than all the coverages that are required when financing a car.

Another good reason to buy a used car is that it won't have all the fees added to the price that a new car has. When buying a new car, the dealership adds fees like cleaning, shipping, advertising and many more. A used car, even when bought from a dealer, will not have many of those fees.

Buying a used car can be a lot trickier than buying a new car. When buying a used car you have to be concerned about what might be broken or what's been fixed. Another concern with buying a used car is that the warranty is usually expired.

Where to Find Used Cars

There are many different places to find a used car:

The first place would be a new-car dealership. Most people trade in their old car when they buy a new car, which means most new-car dealerships have a large selection of used cars. They also have cars that were leased for three years and turned in. These cars usually have been inspected by the dealer's mechanical department and some of them will still have warranties. These used cars can be bought for cash, they can be financed through the dealership or you can arrange your own financing.

The second place would be a used car lot. They will have a large selection of cars to choose from, so if you're looking for a particular car or one that's hard to find, this would be a good place to look. Many cars on these lots are sold "as is". There is financing available at many of these lots but it is almost always at a very high interest rate, which means the payments will be high. People who are unable to get any other loan because of bad credit, often have to get this financing (another good reason for you to have good credit). A smart idea is to get all promises and/or guarantees in writing from the dealer before you sign anything or hand over any money, because these lots vary in accountability and credibility.

18.000 a 20.000 millas por año, es mejor comprarlo. Tantas millas son muy caras en una renta.

En el largo plazo comprar un vehículo nuevo es más barato que rentarlo, pero tendrá que disponer al comienzo de por lo menos 10% para el pago inicial. Se necesita más dinero en efectivo al principio y sus pagos mensuales serán más altos, pero tendrá un vehículo que está pago en 5 años. Puede usar el valor actual del vehículo que tiene para entregarlo cuando compre uno nuevo.

Comprando un Vehículo Usado

Quizás un vehículo usado sea mejor para usted. Si tiene algún dinero ahorrado y no quiere hacer grandes pagos mensuales, un vehículo usado es una buena idea porque lo podría pagar de una sola vez. Si no va a financiar el vehículo usado solamente se le requiere obtener un seguro de responsabilidad civil (vea "Seguro de Vehículo") que es más barato que la cobertura o protección completa que se requiere cuando un vehículo ha sido financiado.

Otra buena razón para comprar un vehículo usado es que no tendrá que pagar todos los gastos que se le añaden a un vehículo nuevo. Cuando se compra un vehículo nuevo el comerciante añade gastos de limpieza, envío, anuncio y muchos más. Un vehículo usado, así se lo compre a un comerciante, no tendrá muchos de esos gastos.

Comprar un vehículo usado puede ser más complicado que comprar un vehículo nuevo. Cuando compre un vehículo usado debe tener en cuenta que podría estar dañado o que ha sido reparado. Otra consideración al comprar un vehículo usado es que usualmente la garantía ya está vencida.

Donde Puede Encontrar Vehículos Usados

Hay muchos lugares donde encontrar un vehículo usado:

El primer lugar es una agencia de venta de vehículos nuevos. Muchas personas entregan su vehículo antiguo cuando compran uno nuevo, lo que significa que muchas agencias de venta de vehículos nuevos tienen una larga selección de vehículos usados. También tienen vehículos que fueron alquilados por tres años y luego devueltos. Estos vehículos usualmente han sido inspeccionados por el departamento mecánico de la agencia y algunos de ellos todavía tienen garantía. Estos vehículos usados se pueden comprar en efectivo, financiados por la agencia o usted puede decidir su propio financiamiento.

El segundo lugar es un lote de vehículos usados. Ellos tienen una larga selección de vehículos para escoger. Si usted está buscando un modelo en particular o difícil de encontrar, este es un buen lugar adonde dirigirse. Muchos de los vehículos en este lote son vendidos "Como están" ("as is"). En muchos de estos lotes hay financiamiento disponible, pero casi siempre es a una tasa de interés alta, lo que significa que los pagos también serán altos. Las personas que no pueden obtener otro préstamo porque tienen un mal crédito, muchas veces tienen que optar por este tipo de financiamiento (otra buena razón para mantener un buen crédito). Una Buena idea es obtener de la

Another place would be a rental car company. Many of these companies sell their cars when they reach a certain mileage. These cars will probably have high mileage and will have been used by many different drivers, which are reasons to be very cautious. But they will come with complete records of all the maintenance and repair work that has been done, so you will know how the car was cared for. Financing is offered at some lots owned by rental car companies.

One more choice would be private sellers, and they are very easy to find. Classified newspaper ads have private owners selling their used cars and often you will see signs in windows of cars that people are trying to sell.

Before Buying a Used Car

There are five very important things you should do before buying a used car from a dealer:

1) The FTC (Federal Trade Commission) requires dealers to post the Buyers Guide in every used car they offer for sale. It will list many things you should know. Be sure to get the original Buyers Guide and read it carefully. If the "warranty" box is checked on the Buyers Guide, ask for a copy of the warranty and read it.

2) Have a mechanic put the car up on a lift and inspect it and check for accident damage. To find a pre-purchase inspection mechanic, check your Yellow Pages under "Automobile Diagnostic Service" and get a written report of recommended repairs.

3) Get a Vehicle History Report to see if the car was totaled (salvaged), rebuilt, flooded, stolen, failed an inspection, was a "lemon", is a gross polluter, how long the dealer had the car or if it has odometer fraud. You can get a free vehicle history report by going to your local DMV office or go to the Internet web address www.carfax.com or www.autocheck.com and type in the VIN (vehicle identification number). They will give you a list of all the problems that car has had.

4) Don't sign an "As is" paper at a used car dealer, get at least a 30 day warranty included. "As is" means you can't ever get them to do any repairs, even if it breaks down two minutes after you drive it away. Some states don't even allow dealers to sell a car "as is".

5) Have your own financing and loan approvals ready before you go shopping, not after. Talk to your banker or other lender and see what amount you qualify for. Your financing will probably be a better deal than the dealer will get for you, but you should compare them.

agencia todas las promesas y/o garantías por escrito antes de firmar los documentos o pagar cualquier dinero, ya que estas agencies varían en responsabilidad y credibilidad.

Otro lugar es una compañía de alquiler de vehículos. Muchas de estas compañías venden sus vehículos cuando llegan a un cierto número de millas. Estos vehículos probablemente tendrán un alto millaje y han sido usados por muchos conductores diferentes, por lo que deberá ser muy cuidadoso, pero tendrán un registro completo de todos los trabajos de mantenimiento y reparación que se le han hecho o sea que usted sabrá que tipo de mantenimiento ha tenido el vehículo. Las compañías de alquiler de vehículos también ofrecen financiamiento.

Una opción más son los vendedores privados. Son muy fáciles de hallar en los avisos clasificados del periódico donde los particulares ofrecen sus vehículos usados y, a veces, verá avisos en las ventanas de los vehículos que las personas están tratando de vender.

Antes de Comprar un Vehículo Usado

Hay cinco puntos muy importantes que deberá tener en cuenta antes de comprar un vehículo usado en una agencia:

1. La Comisión Federal de Comercio (sus siglas en inglés son FTC que significan Federal Trade Commision) requiere que las agencies muestren una guía para compradores en cada vehículo usado que ofrecen a la venta. Enumerará muchas cosas que debe saber. Asegúrese de obtener la guía para compradores original y léala cuidadosamente. Si la casilla de "garantía" está marcada en la guía, pida la copia de la garantía y léala.

2. Haga que un mecánico ponga el vehículo en un elevador para inspeccionarlo y verificarlo por daños de accidentes. Para encontrar un mecánico de inspección de precompra busque en las páginas amarillas bajo "Automobile Diagnostic Service" y obtenga un informe por escrito con las reparaciones recomendadas.

3. Obtenga un historial del vehículo para ver si el mismo ha sido declarado pérdida total (salvaged), reconstruido, inundado, robado, no pasa la inspección, fue un "limón", contamina, cuánto tiempo la agencia ha tenido el vehículo o si el odómetro ha sido alterado. Puede obtener un historial del vehículo gratis en su oficina local de DMV o en la dirección de Internet www.carfax.com o www.autocheck.com y escriba el número de identificación del vehículo (VIN que significa Vehicle Identification Number). Ellos le darán una lista de todos los problemas que el vehículo ha tenido.

4. No firme un "como está" en una agencia de vehículos usados, obtenga por lo menos 30 días de garantía incluida. "Como está" ("as is") significa que ellos nunca le harán una reparación aunque el vehículo se descomponga dos minutos después de que usted se fue de la agencia. Algunos estados no permiten que las agencies vendan vehículos "como están".

5. Tenga su propio financiamiento y préstamo aprobado antes de ir de

Be Careful of Car Dealers

There are things car dealers (and other dealers) will try to do to immigrants that they wouldn't do to people who were born here, thinking immigrants are easy to fool. Some things to be aware of:

If you want the dealer to help you with financing, you should know what is on your credit report before you go there. (See "Get a Copy of Your Credit Report") This is very important because your credit score controls how high an interest rate you'll pay on your car loan. Take a copy of your credit report with you (if you want to) and they can look at it, but not copy it. Don't let them do a credit check on you until you are ready to actually sign the order and only if you are doing dealer financing. If you are doing the financing at your own bank, you don't ever have to give the dealer any credit information.

Don't give them your driver license or Social Security number or card either. If they insist, leave. Many dealers want to photocopy your driver license or social security card before a test drive (telling you they need it for their protection). The attorney general says *never* let anyone copy your license to look at a car. Car rental companies don't even copy your license when you take their car for days. If you absolutely refuse, they will usually back down.

If you really want to see a car at a dealer who gives you a difficult time, make copies of your license yourself and if they ask for your license, give them the copy and be sure to get it back when you leave. If they refuse to return it, threaten to call the police. Write on the photocopy "dealer may NOT run a credit check on me" and sign it. (The FTC fines companies $2,500 for unauthorized credit checks.)

Most dealers are honest, but some, while you're out on the test drive, run a credit check on you. Every time there is a credit check on you, your score goes down a few points; next time you really have to have someone check your credit, you may have a problem with a low score.

Some dealers (and lenders) may try to sell you credit insurance. Credit insurance pays off your loan if you die or become disabled. Before you buy this extra insurance, check to see if any other insurance policies you have provide enough coverage. Credit insurance is not required for a loan. If you want extra insurance, you'll get a better price and policy from a life insurance company.

compras, no después. Hable con su banquero u otro prestamista y vea por qué cantidad califica. Su financiamiento probablemente será en mejores condiciones que el que la agencia le dará, pero debe compararlos.

Tenga Cuidado con las Agencias de Venta

Hay cosas que las agencias de vehículos (y otras agencias) tratarán de hacerles a los inmigrantes que no le harían a los nacidos aquí porque piensan que los inmigrantes son fáciles de estafar. Sea consciente de ciertas cosas:

Si quiere que la agencia lo ayude con la financiación deberá saber lo que dice su informe de crédito antes de ir (Vea "Obtenga una Copia de Su Informe de Crédito"). Esto es muy importante, ya que su puntaje de crédito controla la tasa de interés que usted pagará en su préstamo para la compra de un vehículo. Lleve una copia de su informe de crédito (si lo desea) y deje que la agencia lo vea, pero no que lo copie. No deje que verifiquen su crédito hasta que esté listo para firmar la compra y solamente si usted va a ser financiado por la agencia. Si el financiamiento proviene de su propio banco, nunca le debería dar a la agencia ninguna información acerca de su crédito.

No le dé a la agencia su número de licencia de conducir o su número de seguro social ni tampoco la tarjeta. Si ellos insisten, márchese. Muchas agencias quieren una fotocopia de su licencia de conducir o de su tarjeta de seguro social antes de probar el vehículo, diciéndole que lo necesitan para su protección. El fiscal general dice que nunca debe permitir que nadie copie su licencia de conducir para ver un vehículo. Ni siquiera las compañías de alquiler de vehículos copian su licencia cuando usted se los lleva por varios días. Si usted se rehúsa firmemente, usualmente cederán.

Si usted quiere ver un vehículo en una agencia que le presenta dificultades, copie su licencia usted mismo y, si ellos se la piden, déles la copia y asegúrese de que se la regresen antes de irse. Si se rehúsan a regresársela, amenace con llamar a la policía. Escriba en la copia de su licencia "la agencia NO hará un chequeo de crédito de mi nombre" y fírmelo. La FTC multa a estas compañías $2.500 por verificar su crédito sin autorización.

La mayoría de las agencies son honestas, pero algunas le harán una verificación de su crédito mientras usted está probando el vehículo. Cada vez que le verifican el crédito su puntaje disminuye varios puntos. La próxima vez que usted realmente necesite que alguien le revise su crédito, podría tener problemas por bajo puntaje.

Algunas agencies y prestamistas trataran de venderle un seguro de crédito. El seguro de crédito paga su préstamo si usted muere o queda incapacitado. Antes de comprar este seguro adicional, averigüe si cualquier póliza de seguro que usted ya posee le da una protección suficiente. El seguro de crédito no se requiere para un préstamo. Si desea un seguro adicional, podría obtener mejor precio y condiciones con su compañía de seguro de vida.

Before Buying From a Private Seller

When you find a car you are interested in, call to make an appointment to see the car and ask as many questions as you can to see if it really is a car you are interested in. When you go to look at the car, be sure you are ready to take it for a test drive. You should look at the interior, exterior and engine, ask all your questions again and write down the answers. Find as much as possible about the history of the car, including what parts have been replaced, the maintenance history and if it has been in any accidents.

Individual sellers expect that you will offer less than they are asking for the car, so be ready to negotiate a lower price.

With almost all individual sellers, there will be no warranty and no financing offered. You might be able to get a loan from a bank before purchasing it, so ask your banker. Buying a used car from an individual seller is more risky, since you have no way to go back to them if you have problems with the car. Buy from someone you know and trust if possible.

There are two very important things you should do if you are buying a used car from a private seller:

1) Have a mechanic put the car up on a lift and inspect it and check for accident damage. You can also get an inspection of the engine if you are not able to do that yourself. To find a pre-purchase inspection mechanic, check your Yellow Pages under "Automobile Diagnostic Service" and get a written report of recommended repairs.

2) Get a Vehicle History Report to see if the car was totaled (salvaged), rebuilt, flooded, stolen, failed an inspection, is a gross polluter, was a "lemon" or if it has odometer fraud. You can get a free vehicle history report by going to your local DMV office or go to the Internet web address www.carfax.com or www.autocheck.com and type in the VIN (vehicle identification number). They will give you a list of all the problems that car has had.

Check with your state's DMV about what paperwork you will need to register a vehicle and get a license plate. The number will be in your telephone book and is also listed in the booklet you got from the DMV before you took your written test for your driver license.

Vehicle Repossessions

When you borrow money to buy a car, the lender can repossess the car if you miss a payment or for any violation of the contract. Lenders can repossess the car without advance notice, meaning they can send someone to take it from in front of your house. After it's repossessed, the lender might require you to pay off the entire balance of the loan in order for you to get it back. And the lender might be able to sue you if he sells the car

Antes de Comprarle a un Vendedor Privado

Cuando encuentre un vehículo en el que está interesado, llame para hacer una cita para verlo y haga todas las preguntas necesarias para asegurarse de que es realmente el vehículo que desea. Cuando vaya a ver el vehículo, asegúrese de estar listo para probarlo. Debería observar el interior, exterior y el motor. Haga todas las preguntas otra vez y escriba las respuestas. Averigüe lo más que pueda acerca de la historia del vehículo, incluyendo las partes que han sido reemplazadas, el mantenimiento y si ha estado involucrado en algún accidente.

Los vendedores individuales esperan que le ofrezca menos de lo que están pidiendo por el vehículo, o sea, vaya preparado para negociar un precio más bajo.

Con casi todos los vendedores individuales no se ofrecerá garantía ni financiación. Podría conseguir un préstamo en su banco antes de comprarlo, averigüe con su banquero. Comprar un vehículo usado de un vendedor individual es más riesgoso, ya que no hay forma de ir a reclamarle si tiene algún problema con el vehículo. Si es posible, cómprele a alguien que conoce y le tiene confianza.

Hay dos cosas muy importantes que debería hacer si le compra un vehículo usado a un vendedor privado:

1. Haga que un mecánico ponga el vehículo en un elevador para inspeccionarlo y verificarlo por daños de accidentes. Para encontrar un mecánico de inspección de precompra, busque en las páginas amarillas bajo "Automobile Diagnostic Service" y obtenga un informe por escrito de las reparaciones recomendadas.

2. Obtenga un historial del vehículo para ver si el mismo ha sido declarado pérdida total (salvaged), reconstruido, inundado, robado, no pasa la inspección, fue un "limón", contamina o si el odómetro ha sido alterado. Puede obtener un historial del vehículo gratis en su oficina local del DMV o en la dirección de Internet www.carfax.com o www.autocheck.com, ingresando el número de identificación del vehículo (o VIN, que significa vehicle identification number). Ellos le darán una lista de todos los problemas que el vehículo ha tenido.

Averigüe con la oficina del DMV de su estado acerca de qué papeles necesita para registrar un vehículo y obtener una matrícula. El número telefónico estará en su guía telefónica y también en el librito que obtuvo en el DMV antes de tomar el examen escrito para su licencia de manejo.

Recupero de Vehículos

Cuando usted pida dinero prestado para comprar un vehículo, el prestamista puede recuperar el vehículo si no hace sus pagos o por cualquier violación del contrato. Los prestamistas pueden recuperar el vehículo sin ningún aviso previo, lo que significa que pueden enviar a alguien a recoger el vehículo de la puerta de su casa. Después que está recuperado, el prestamista puede pedir el pago completo de la deuda para que se lo regrese. Podrían

and gets less than you owe, so don't think you are safe just because the car was sold.

People often think if they give the car back (voluntary repossession), they are done with it and it won't affect their credit rating. That is absolutely incorrect. If you know you are going to be late with a payment, talk to the lender and try to work things out. If the lender agrees to a delay or to change the contract, be sure you get the new agreement in writing.

Warranties

Dealers may offer a full or limited warranty on all or some of a vehicle's systems or components. Most used car warranties are limited and their coverage varies.

Full and Limited Warranties

A full warranty includes the following:

Anyone who owns the vehicle during the warranty period is entitled to warranty service and it will be provided free of charge, including costs for removing and reinstalling an item covered by the warranty. You only have to tell the dealer that warranty service is needed in order to get it, unless the dealer can prove that it is reasonable to require you to do more than just tell him. You have the choice of a replacement or a full refund if, after a reasonable number of tries, the dealer can't repair the vehicle or a covered item (see "Lemon Law").

If any of these items isn't included, the warranty is limited, not full. The dealer might specify that only certain systems are covered. Some parts or systems might be covered by a full warranty, and other parts by a limited warranty.

If the manufacturer's warranty is still in effect on a used car, the dealer will list it in the "systems covered/duration" section of the Buyers Guide (see "Before Buying a Used Car"). Make sure you receive and read a copy of the dealer's warranty document if you buy a car that is offered with a warranty.

If you have a problem that you think is covered by a warranty, and the dealer disagrees, try to work it out with the dealer and resolve it at that level. If it can't be resolved, call the FTC at 202-326-2222.

Implied Warranties

State laws hold dealers responsible if cars they sell don't meet reasonable quality standards. These implied warranties are unspoken, unwritten promises from the seller to the buyer. Dealers in some states can use the words "as is" or "with all faults" in a written notice to buyers, which eliminates implied warranties.

demandarlo si se vende el vehículo por menos de lo que usted debe, por lo tanto, no piense que evadió el pago solamente porque el vehículo fue vendido.

La gente piensa que porque regresa el vehículo (recupero voluntario), ya se deshicieron del problema y no les afectará su puntaje de crédito. Esto es absolutamente incorrecto. Si usted sabe que va a estar atrasado con sus pagos, hable con el prestamista y trate de llegar a un acuerdo. Si el prestamista acepta postergar o cambiar el contrato, asegúrese de obtener el nuevo acuerdo por escrito.

Garantías

El vendedor de vehículos podría ofrecer una garantía completa o limitada en todos o algunos de los sistemas o componentes de los vehículos. Las garantías sobre los vehículos usados son limitadas y sus coberturas varían.

Garantías Completas y Limitadas

Una garantía completa incluye lo siguiente:

Quien sea dueño del vehículo durante el período de garantía tiene el derecho a este servicio y será provisto gratis, incluyendo el costo por remover y reinstalar partes cubiertas por la garantía. Usted solamente le dice al vendedor del vehículo que necesita los servicios de la garantía para obtenerlos, a menos que pueda probar razonablemente que usted debe hacer algo más que eso. Usted tiene la opción de reemplazarlo o recibir un reembolso completo si después de intentar un número razonable de veces el vendedor del vehículo no puede reparar una parte cubierta por la garantía (vea "La Ley del Limón").

Si algunas partes no están incluidas en la garantía, es limitada, no completa. El vendedor del vehículo puede especificar que solamente ciertos sistemas están cubiertos. Algunas partes o sistemas pueden estar cubiertos por la garantía completa y otros por la garantía limitada.

Si la garantía del fabricante todavía esta vigente en un vehículo usado, el vendedor del vehículo la pondrá bajo "sistemas cubiertos/duración" en la guía para compradores (vea "Antes de Comprar un Vehículo Usado"). Asegúrese de recibir y leer una copia del documento de garantía si compra un vehículo que la ofrece.

Si tiene un problema que piensa que la garantía lo cubre y el vendedor del vehículo está en desacuerdo, trate de resolverlo. Si no lo logra, llame al FTC al 202-326-2222.

Garantías Implícitas

Las leyes estatales fuerzan a los vendedores de vehículos a que se hagan responsables si el vehículo que venden no satisface un criterio mínimo razonable. Las garantías implícitas son promesas que no necesitan estar por escrito entre el vendedor y el comprador. Los vendedores pueden usar, en algunos estados, las palabras "como está" o "con todos los defectos" ("with all faults") en una nota escrita a los compradores, lo cual elimina la garantía implícita.

Warranty of Merchantability

The most common type of implied warranty is the warranty of merchantability. The seller promises that the product offered for sale will do what it is supposed to do. A warranty of merchantability on a car would be that the car will run. This promise applies to the basic functions of a car and doesn't cover everything that could go wrong.

A breach of merchantability occurs only if the buyer can prove that a defect existed at the time of the sale and isn't new.

The Lemon Law

"Lemon" is a slang name for anything that is useless or defective. If you buy a new vehicle, are constantly having problems with it, the dealer keeps fixing it and it still has problems, you might have a lemon.

State Lemon Laws and the Federal Warranty Law protect consumers from being stuck with lemon cars, trucks, SUVs, computers and other consumer products. The laws that protect your consumer rights are different in each state.

If your car or computer is a lemon, you may be entitled to your money back, a replacement or a cash settlement. So you have nothing to lose, except the lemon! To find your state's lemon law and information on how to file a report, go to either of these Internet websites: www.lemonlawamerica.com or www.nationallemonlawcenter.com.

Child Car Safety Laws

Traffic accidents are the leading cause of death for children over the age of one in the United States. All 50 states, the District of Columbia, Puerto Rico and the U.S. Territories have child passenger safety laws ("car seat laws"). But the laws aren't the same in every jurisdiction. Check the law in your area. Call the DMV for information or go to the Governors Highway Safety Association (GHSA) website and look in the section marked "state info" for the website address of every state. When you go to the state site, you'll find local information about highway safety and driving laws. GHSA is at: www.statehighwaysafety.org.

There are many other websites with information about transporting children safely in vehicles. You can look at these addresses:
www.inventiveparent.com/state-laws.htm or
www.cartipsandmore.com/child_passenger_safety_laws.html.

Moving Kids Safely has a website with many links to guides and information: www.aap.org/family/cps.htm.

Garantía Mercantíl

La garantía más común es la "Garantía Mercantil". El vendedor promete que el producto ofrecido a la venta hará lo que supuestamente tiene que hacer. Una garantía mercantil en un vehículo indica que el vehículo va a funcionar. Esta promesa aplica a las funciones básicas de un vehículo y no cubre todo lo que se puede descomponer.

El incumplimiento del comerciante ocurre solamente si el comprador puede probar que el defecto existía en el momento de la venta y no es algo nuevo.

La Ley del Limón

"Limón" es una designación coloquial para cualquier cosa ineficaz o defectuosa. Si compra un vehículo nuevo y tiene problemas constantemente, el vendedor del vehículo sigue arreglándolo y aún continúan los problemas, usted podría tener un limón.

Las Leyes Estatales de Limón y las Leyes Federales de Garantía protegen a los consumidores que se encuentran frente limones como vehículos, camionetas, SUV, computadoras y otros productos del consumidor. Las leyes que protegen el derecho de los consumidores son diferentes en cada estado.

Si su vehículo o computadora es un limón, podría tener derecho a que le regresen su dinero, un reemplazo o un arreglo en efectivo. ¡Por lo tanto no tiene nada que perder, excepto el limón! Para encontrar las leyes estatales de limón e información de cómo reportarlo, vaya a las páginas de Internet: www.lemonlawamerica.com o www.nationallemoncenter.com.

Leyes de Seguridad para Niños a Bordo de un Vehículo

Los accidentes de tránsito son la principal causa de muerte para los niños sobre la edad de un año en los Estados Unidos. Los 50 estados, el Distrito de Columbia, Puerto Rico y los territorios de USA tienen leyes para los niños que son pasajeros ("Leyes de Asiento de vehículos"). Las leyes no son las mismas en cada jurisdicción, conozca la ley de su área. Llame al departamento de motores y vehículos (DMV) para obtener información o vaya a la Asociación de Seguridad de Carreteras del Gobierno (sus siglas en inglés son GHSA, que significan "Government Highway Safety Association") en Internet y busque en la sección marcada "state info" (que significa "Información del Estado") la dirección Web de cada estado. Cuando visite a la dirección del estado encontrara información local acerca de seguridad en las carreteras y leyes de manejo. La GHSA esta en: www.statehighwaysafety.org.

Hay muchas otras direcciones Web con información acerca de como transportar a los niños en vehículos. Puede buscar las siguientes direcciones: www.inventiveparent.com/state-laws.htm o
www.cartipsandmore.com/child_passenger_safety_laws.html.

La asociación para el transporte de niños con cuidado tiene una dirección Web con muchas conexiones a guías e información: www.aap.org/family/cps.htm.

Child Safety Seats

Most states have child car seat laws that cover babies and children up to four years old or weighing up to 40 pounds. In some states, older children can legally ride in the back seat without being belted in because the seat belt laws in those states apply only to the driver and front seat passengers. Some states require a booster seat for older children, so check the law in your state. There is a large penalty if you are caught without the proper seat belts or seats used for every person in the vehicle.

> *Always make sure you are wearing your seatbelt and your children are buckled into the proper seats. It could save your lives.*

Any law would be only the minimum requirement so it is always smart to do more than the law tells you to do, especially because it is the life of your child that is being protected. Children through 80 pounds are always safer riding in booster seats than if they use the car's seats and seat belts that are designed for adults. The rear seat is the safest place for children of all ages. Don't let any child ride in a vehicle without being buckled in.

Infants from birth to about 22 pounds should be in a rear-facing infant seat that is properly buckled in the back seat and older children should be in seats facing forward, also in the back seat.

Everyone using a child safety seat should carefully read the instructions for the safety seat or booster seat and read the vehicle owner's manual for instructions about using a child seat. Everyone in the car should be buckled up correctly, with children in seats that are buckled correctly.

A recent government report stated that about 80 percent of all child safety seats are installed incorrectly or the seats are misused, mainly because the instructions are too hard for most people to understand. Go to your local fire department or police department and ask them to check that you have installed your seat correctly. They would rather help you put the child seat in correctly than pick your dead child up from the roadside after an accident.

You can also call 1-866-SEAT-CHECK (1-866-732-8243) to speak with a child passenger safety technician who will give you advice on the seat you are using for your child and tell you if another seat is rated better. This is NHTSA (National Highway Traffic Safety Administration) and assistance is available in English and Spanish and possibly other languages.

Asientos de Seguridad para Niños

La mayoría de los estados tienen leyes sobre asientos para niños que cubren a los bebés y niños hasta los cuatro años de edad o 40 libras de peso. Algunos estados tienen leyes que cubren a niños mayores hasta ocho años o más de 80 libras en peso. En algunos estados, los niños de más edad pueden legalmente viajar en la parte de atrás sin usar el cinturón porque las leyes sobre el cinturón de seguridad de esos sólo son para el conductor y los pasajeros que viajen en la parte delantera. Es mejor que se informe acerca de la ley en el estado donde usted vive. Hay una sanción muy grande si lo atrapan conduciendo el vehículo sin los cinturones o sillas de seguridad apropiadas.

Toda ley cubre los requerimientos mínimos, por lo tanto es siempre aconsejable hacer más de lo que la ley dice, especialmente porque es la vida de su niño la que está siendo protegida. Los niños de hasta 80 libras siempre están más seguros en un asiento de niños que si usaran el asiento del vehículo y el cinturón de seguridad diseñado para adultos. El asiento trasero es el más seguro para los niños de todas las edades. No deje que ningún niño vaya en un vehículo sin cinturón de seguridad.

> *Siempre use su cinturón de seguridad y acomode a los niños en asientos apropiados. Esto puede salvar vidas.*

Desde que los infantes nacen hasta que pesan 22 libras deben ir mirando hacia atrás en un asiento para infantes que debe ir apropiadamente sujeto en el asiento de atrás. Un niño más grande debe ir en su asiento mirando hacia el frente, pero también en el asiento trasero del vehículo.

Toda persona que use un asiento de seguridad para niños debe leer las instrucciones y el manual del vehículo para saber cómo usar el asiento correctamente. Todos los ocupantes del vehículo deben tener el cinturón de seguridad colocado correctamente, incluyendo el del asiento de los niños.

Un informe reciente del gobierno dice que 90 por ciento de todos los asientos de seguridad de niños están mal instalados o el asiento es usado incorrectamente, principalmente porque las instrucciones son muy confusas para muchas personas. Vaya a la estación de bomberos o de policía y pídales que revisen si ha instalado correctamente el asiento de seguridad de los niños. Ellos prefieren ayudar a instalarlo antes que recoger a un niño muerto después de un accidente.

También puede llamar al 1-866-732-8243 para hablar con un técnico de asientos de seguridad para niños, quien le dará consejos acerca del asiento que está usando para su hijo y le dirá si otro asiento es más recomendable. Esto es la NHTSA, por sus siglas en inglés que significan Administración de Tránsito y Seguridad de Carreteras. La asistencia está disponible en inglés, español y, posiblemente, en otros idiomas.

Income Taxes

When you work for a company, income taxes are deducted from your paychecks (see chapter "Social Security"). The beginning of January each year, everyone who has paid taxes the preceding year is sent a booklet from the Internal Revenue Service (IRS) with forms and instructions to file taxes by April 15. Your employer will provide a W-2 form stating the amount of taxes that were withheld from your pay during the year.

You'll also receive statements from your bank, mortgage company and various others, stating the amount of interest you were paid or the amount of interest you paid. Those amounts have to go on certain lines of the income tax form that you file with the IRS.

If you have not received statements from all your employers, your banks and lenders by the first of February, call them and find out where the report is. You can't file your tax return without all of those statements.

If you aren't confident filling out the tax return, there are many people and companies that will do it for you. Look in the Yellow Pages under "Tax Return Preparation", call some of them and ask what they charge. Don't wait until the end of March or April, you might be charged much more than if you get it done earlier. Some companies will even do a simple filing for you (if you have all the right papers with you) while you wait.

Your library or post office will usually have the state and federal tax return forms and instruction books if you don't get them in the mail. The companies that can help you file have the forms too. They are free.

Low income taxpayers can get free help from the Volunteer Income Tax Assistance program. The Tax Counseling for the Elderly program will give free help to elderly taxpayers. Call the IRS at 1-800-829-1040 for locations of these offices in your area.

If you are entitled to a refund, some companies will give you the money right then (then they wait and get your refund from the government), but they will charge you a very high fee to do that. It's much better if you can wait for the government refund yourself, it usually only takes a few weeks to get it if you file in February or early in March. If you have the government deposit it directly into your bank account, it will be much faster than if they have to make out a paper check and mail it to you. Be sure you put the correct numbers of your checking or savings account on the tax return.

> There are many companies and volunteer groups that can help you with your tax return.

Impuestos (Taxes)

Cuando trabaja para una compañía, los impuestos le son descontados de sus cheques de pago (vea el capitulo de "Seguro Social"). A comienzo de cada año, a todos los que han pagado impuestos el año anterior, el Servicio Interno de Ingresos o IRS por sus siglas que en Inglés significan "Internal Revenue Service", les envía un libro con los formularios e instrucciones para que declare los impuestos a más tardar el 15 de Abril. Su empleador le dará un formulario declarando el monto de impuestos que le descontaron de su paga durante el año.

También recibirá estados de cuenta de su Banco, hipoteca y muchos otros, donde declaran el monto de interés que recibió o pagó. Esos montos se colocan en ciertas líneas del formulario de impuesto que usted presenta al IRS.

Si no ha recibido los reportes de todos sus empleadores, de su banco y de su prestamista para el 1ero de Febrero, llámelos y averigüe qué ha sucedido. Usted no puede hacer su declaración de impuestos sin estos documentos.

Si no está seguro de cómo llenar sus Impuestos, hay muchas personas y compañías que lo harán por usted. Busque en las páginas amarillas bajo "Tax Return Preparation", llame a algunos de ellos y pregunte cuánto cobran. No espere hasta finales de Marzo o Abril, le podrían cobrar mucho más que si lo hiciera más temprano. Algunas compañías hasta le harían la declaración sencilla mientras espera (si tiene todos los papeles necesarios).

> Hay muchas compañías y grupos voluntarios que pueden ayudarlo con su reembolso de impuesto.

La biblioteca y la oficina de correo usualmente tendrán planillas de los impuestos federales y estatales y los libros con las instrucciones en caso que no los reciba por correo. También las compañías que le pueden ayudar a llenar los impuestos tienen estos formularios, los cuales son gratis.

Las personas de bajos ingresos que pagan impuestos pueden obtener ayuda gratuita del Programa de Voluntarios para la Asistencia de Impuestos. El programa del Consejo Municipal para los Ancianos les dará ayuda gratuita a los ancianos que deben pagar impuestos. Llame al IRS al 1-800-829-1040 para localizar las oficinas en su área.

Si tiene derecho a un reembolso, algunas compañías le dan el dinero al instante (entonces ellos esperan y obtienen el reembolso por usted), pero le cobran una tarifa muy alta para hacer esto. Es mucho mejor, si puede, esperar el reembolso del gobierno. Esto toma usualmente pocas semanas para recibirlo si usted declara en Febrero o a principios de Marzo. Si hace que el gobierno se lo deposite directamente en su cuenta bancaria, sería mucho más

If you owe money to the government, you don't have to pay it until April 15, so you can keep the forms that are filled out and mail it all together in April. If you don't have the money you owe, there are instructions telling you what to do and the dates to do it. Be sure you follow all the rules regarding the IRS, you don't ever want to be in trouble with them.

> *Your tax return has to be filed by April 15 every year. If you are getting a refund, send it in earlier if it is ready.*

Every year your tax return envelope has to be postmarked by midnight April 15.

If your state collects state income tax from your paycheck, you will also receive the book and forms from the state government. The W-2 and other statements you receive will have state amounts listed and they'll have to be put on the correct lines and filed just like the federal form. The filing date is the same and the company helping you with your federal form can do the state form, too.

fácil que si tienen que hacer un cheque y enviarlo por correo. Asegúrese de poner los números correctos de su cuenta corriente o de ahorros en su aplicación de impuesto.

Si debe dinero al gobierno, usted no lo tiene que pagar hasta el 15 de Abril, por lo tanto puede quedarse con los formularios completos y enviarlos todos juntos por correo en Abril. Si no tiene el dinero que debe, hay instrucciones que le dicen qué hacer y las fechas de hacerlo. Asegúrese de seguir todas las reglas con respecto al IRS, usted nunca querría tener problemas con ellos.

Su sobre de presentación de impuestos tiene que tener el sello postal, a más tardar, en la medianoche del 15 de Abril.

Si su Estado le quita impuestos de su cheque de pago, también recibirá el libro y las planillas del gobierno estatal. El W-2 y otros documentos que usted recibe tendrán los montos enumerados.

> *Su declaración de impuestos debe realizarse a más tardar el 15 de Abril de cada año. Si va a obtener un reembolso, envíelo tan pronto como sea possible.*

Tiene que colocarlos en las líneas correctas y declararlos como los formularios federales. La fecha de declaración es la misma y la compañía que lo esta ayudando con los formularios Federales puede hacer las planillas del estado también.

Labor Laws

The Fair Labor Standards Act (FLSA) establishes minimum wage, overtime pay, record-keeping and child labor standards. They affect more than 100 million full-time and part-time workers in the private sector and in federal, state and local governments.

Covered workers are entitled to a minimum wage per hour, and overtime pay at a rate of at least one and one-half times their regular rates after 40 hours of work in a work week.

Certain workers, including farm workers, might not be covered under this law. These other workers might be guaranteed certain minimums, but not overtime; others get partial overtime pay; some don't have coverage for the minimum wage or the overtime. But this law does cover the majority of employees in this country.

The FLSA does not regulate vacation, holiday, severance or sick pay, raises or final wages to terminated employees. It also doesn't limit the number of hours in a day, or days in a week, that an employee is required or scheduled to work, unless the employee is under 16 years old.

The FLSA states that children 16 and 17 years old may perform any nonhazardous job for as many hours as they want.

Children 14 and 15 years old may work outside of school hours for a maximum of 3 hours per day and 18 hours per week when school is in session. They can work a maximum of 8 hours per day and 40 hours per week when school is not in session. They can't work before 7 a.m. or after 7 p.m., except during summers when they can work until 9 p.m. (June 1 through Labor Day). They can work in various non-manufacturing, non-mining, nonhazardous jobs under very strict conditions.

Only if they are enrolled in certain approved programs, can 14 and 15 year olds work more hours. The minimum age for most nonfarm work is 14. Children of any age are allowed to deliver newspapers, babysit, perform in radio, television, movie or theatrical productions.

They *are allowed* to work for parents in their solely-owned nonfarm business (except in manufacturing or hazardous jobs) and various other activities.

Call the Labor Department for more information. The number is in your telephone book in the U.S. Government section.

Eighteen states have their own labor laws and some take precedence over the federal laws. Ask your state employment office if your state has its own laws and get information from them.

Leyes Laborales

El Decreto de las Normas de Justicia Laboral, que por sus siglas en inglés (FLSA) significa "The Fair Labor Standard Act", establece el pago mínimo, el pago de tiempo adicional, el mantenimiento de registros y la calidad de trabajo para los niños. Estas normas afectan a más de 100 millones de trabajadores de tiempo completo o medio tiempo en el sector privado, federal, estatal y gobierno local.

Los trabajadores amparados tienen el derecho a un pago mínimo por hora y pago de tiempo adicional de por lo menos una vez y media del valor por hora después de haber trabajado mas de 40 horas en una semana.

Ciertos trabajadores, incluyendo los trabajadores del campo, puede que no estén cubiertos por esta ley. Estos otros trabajadores podrían tener garantizado cierto pago mínimo, pero no tiempo adicional. Otros obtienen pago de sobre tiempo parcial, otros no están cubiertos por el pago mínimo o de tiempo adicional. Pero esta ley cubre a la mayoría de los trabajadores en este país.

La FLSA no regula vacaciones, días festivos, indemnización por despido, pago por enfermedad ni aumentos de salario. Tampoco limita el número de horas por día o semana que un empleado debe trabajar, a menos que el empleado tenga menos de 16 años de edad.

La FLSA dice que los niños de 16 y 17 años pueden hacer cualquier tipo de trabajo que no sea peligroso en las horas que se requieran.

Los niños de 14 y 15 años de edad pueden trabajar después de las horas de escuela por un máximo de 3 horas por día y 18 horas por semana en período escolar. Pueden trabajar un máximo de 8 horas por día y 40 por semana cuando la escuela está en receso. No pueden trabajar antes de las 7 a.m. o después de 7 p.m., con la excepción del verano, cuando pueden trabajar hasta las 9 p.m. (desde Junio 1 hasta el día del trabajador). Ellos pueden trabajar en varias actividades que no sean de manufactura, minería, peligrosas o bajo condiciones muy estrictas.

Solamente si los niños de entre 14 y 15 años de edad están inscriptos en ciertos programas aprobados pueden trabajar más horas. La edad mínima para trabajos que no sean de campesino es de 14 años. Los niños de cualquier edad tienen permitidos repartir periódicos, cuidar bebés, actuar en la radio, la televisión, en películas o producciones teatrales.

También *se les permite* trabajar para sus padres en su negocio cuando son propietarios únicos, siempre que no sea como campesino, en manufacturas o en trabajos peligrosos.

Llame al departamento de trabajo para más información. El número está en su guía telefónica bajo la sección del gobierno de USA.

Dieciocho estados tienen sus propias leyes laborales y algunos toman precedencia sobre las leyes federales. Preguntele a la oficina de empleado estatal si su estado tiene sus propias leyes y reciba informacion de ellos.

Don't Forget to Vote!

Citizens of this country have one very important right that many other countries do not have: the right to cast a secret vote in all elections.

As soon as you become a citizen of the United States you should call your local Board of Elections and find out what the requirements are to register to vote. You will usually find this listed under the name of your county and then "Elections, Board of".

All states have two requirements in common, you must be a U.S. citizen and must be 18 years old by the next election. Each state has its own residency requirements and other eligibility rules.

You Have Rights as a Voter:

You can vote for the candidate of your choice.

You can inspect a sample ballot and ask poll workers for assistance on the voting machine.

You can have someone help you vote if you aren't able to do it alone.

You can request a replacement ballot if you make a mistake or your ballot is damaged.

You can vote if you are in line by the time the polls close.

You can cast a provisional ballot if there is a question about your status as a voter.

You Also Have Responsibilities as a Voter:

You must find the local registration requirements.

You must **register** to vote.

You must notify the registrar of change of address or name.

You should know the rules for absentee ballots and early voting.

You should know the hours and location of your polling place.

Ask what identification is required and bring it to the polls with you.

Get familiar with the candidates and the issues.

Ask for help if you need it, you can even ask for a ride to the polls.

Your most important responsibility as a citizen is to vote!

Go to the website of the National Association of State Election Directors at www.nased.org/membership.htm. This page has all the states and territories listed with their director, addresses, phone numbers and web addresses. The state websites then list all the information you will need to register and vote in your state.

Every time you change your address, you will have to tell the Board of Elections, so you are registered to vote the next time.

¡No Olvidés Votar!

Los ciudadanos de este pais tienen un derecho importante que otros paises marcan: el derecho de votar en secreto en todas las elecciones.

En cuanto sea un ciudadano de los Estados Unidos, debe llamar a su Comité de Elecciones local y averiguar cuales son los requisitos para registrarse a votar. Encontrará este lugar bajo el nombre de su condado y después bajo "Election, Board of."

Todos los estados tienen dos requisitos en común, tendrá que ser un ciudadano de este país y tener 18 años. Cada estado tiene sus propios requisitos de residencia y reglas de admisión.

Tiene Derechos como Votante:

Puede votar por el candidato de su agrado.

Puede inspectar la boleta de muestra y preguntar a los trabajadores de la encuesta por ayuda en la maquina de votar.

Puede pedir ayuda para votar sino puede solo.

Puede pedir una boleta de reemplazo si hace un error o si se descompone la boleta.

Puede votar si está en la fila cuando se sierran las encuestas.

Puede entregar una boleta provisional si hay una duda sobre su estado como votante.

También Tiene Responsabilidades como Votante:

Debe buscar los requisitos de registración.

Debe **registrarse** a votar.

Debe notificar al secretario un cambio de dirección o nombre.

Debe saber las reglas de boletas ausentes y voto temprano.

Debe saber las horas y lugar de votar.

Pregunte si se sequire identificación y traigala consigo a las encuestas.

Sepa sobre los candidatos y sus posiciones en temas.

Pregunte por ayuda si llegare a necesitarla hasta puede pedir por transportación.

¡Su más importante responsabilidad como ciudadano es votar!

Vaya la página red de "National Association of State Election Directors" a www.nased.org/membership.htm. Ya que ésta, tiene una lista de los estados y los territorios con sus respectivos directores, direcciones, números telefónicos y direcciones red. Las páginas red listan toda la información que usted necesita para ser registrado y para votar en el estado donde vives.

Cada vez que cambiés de dirección, tendras que comunicarlo al comité de elecciones, para que seas registrado a votar la próxima vez.

Una peticion del autor:

Por favor llene la encuesta de la pagina 191 y mándela de vuelta. Yo estoy muy interesada en saber que es lo que piensa de este libro:
Me gustaría saber de donde lo consiguió.
Me gustaría saber si le ha ayudado y como le ha ayudado.
Me gustaría saber si le gustó que pusiera dos lenguajes.

Dígame que otra cosa compraría que fuese con este libro: cassetes, CD, calendarios, playeras, tasas de café, tarjetas postales, e-book, etc.

Por favor dígame que piensa. Copie la página de al lado o arránquela. Mándemela con $2.00 y yo le mandaré un reporte gratis que fue procesado después que se terminó el libro. Yo he pensado en varias cosas que pude haber puesto en el libro y quiero mandarle un regalo por darme sus ideas. Dígame que no puse y que debería haber puesto en el libro. El reporte que usted reciba podría ser algo que hubiese deseado que estuviera incluido.

Por favor dígame si encuentra algunos errores en las paginas Web, números telefónicos, direcciones, ortografía o cualquier información incorrecta. Yo le enviaré un regalo por ayudarme de esta manera.

A request from the author:

Please fill out the survey on page 191 and send it to me. I am very interested in what you think about this book:
I'd like to know where you got it.
I want to know if it has helped you and how it helped you.
I want to know if you liked that I put two languages in it.

Tell me what else you might buy to go with this book: cassette tape, CD, calendar, T-shirt, coffee mugs, greeting cards, e-book, etc.

Please tell me what you think. Copy the facing page or tear it out. Send it to me with $2.00 and I'll send you a free report that was prepared after this book was finished. I have thought of several things I could have put in the book and want to send you a gift for giving me your ideas. Tell me what I missed and should have put in this book. The report you receive might even be something you wish had been included.

Please tell me if you find any mistakes in web addresses, telephone numbers, addresses, spellings or any incorrect information. I will send you a gift for helping me in this way.

Survey   Encuesta

Copy this page or tear it out and send it with $2.00 and receive a free report.
Copie esta pagina o arránquela y mándela con $2.00 y reciba un reporte gratis.

Name/Nombre

Address/Dirección

City/Ciudad   *State*/Estado   *ZIP*/código postal

Telephone/Teléfono   Fax

Email/Correo Electrónico

Where was this book purchased?   ¿Dónde compró el libro?

Was it a gift?		Yes	No
¿Fue un regalo?		sí	no
Is it helpful to you?	Yes	A little bit	No
¿Le ha ayudado?	si	un poquito	no
Will you recommend this book to your friends & relatives?		Yes	No
¿Recomendaría este libro a sus amigos y familiares?		sí	no
Do you like the size?	Excellent	Good	Fair	Don't like
¿Le gusta el tamaño?	excelente	bueno	justo	no le gusta
Do you like 2 languages in one book?	Excellent	Good	Fair	Don't like
¿Le gusta dos lenguajes en un libro?	excelente	bueno	justo	no le gusta

---

What part has been most helpful?   ¿Qué parte ha sido mas útil?

What should we have included?   ¿Qué más deberíamos incluir?

What should we have omitted?   ¿Qué más podríamos omitir?

What other items would you buy to go with this book?
¿Qué otros artículos comprarías que vayan con este libro?
Use the back of this page too.   También use la parte trasera de esta página.

Por favor use esta página para darnos más ideas y pensamientos.
Please use this page to give us more of your ideas and thoughts.

Envie esta encuesta con $2.00 para su reporte gratis a:
Send this survey with $2.00 for your free report to:

Live & Thrive Press
P.O. Box 32215
Tucson, AZ 85715-2215

Para Ordenar este Libro "Cómo Vivir y Prosperar en Estados Unidos"

Haga una copia de esta orden y envíela a:

Live & Thrive Press
P.O. Box 32215
Tucson, AZ 85715-2215

Haga una copia de esta orden y envíela por fax a: 1-877-499-3975

Email: bookinfo@howtoliveandthrive.com

Correo Electrónico: www.comoviviryprosperar.com

Números de Libros Ordenados

Cada libro cuando ordene del 1-3	$12.95 $ _____
Cada libro cuando ordene del 4-8	$10.20 $ _____
Impuestos de venta, en AZ, añadir 7.5% del precio del libro	$ _____
Envío/proceso del primer libro (en EEUU) Fax 1-877-499-3975 para Tarifas Internacionales	$ 4.00 $ _____
Envío por cada libro adicional (en EEUU)	$ 2.00 $ _____
Total de esta orden	$ _____

☐ Cheque o "Money Order" a nombre de **Live & Thrive Press**

☐ Visa ☐ MasterCard ☐ Amex   Fecha de Vencimiento

											Mes / año

Número de su tarjeta de credito

Firma del Tarjeta-Habiente

Nombre _____

Dirección _____

Ciudad _____ Estado _____ código postal _____

Teléfono _____

Correo Electrónico _____

Envíelo a (Si es diferente a la de arriba):

Nombre _____

Dirección _____

Ciudad _____ Estado _____ código postal _____

Teléfono _____

Correo Electrónico _____

Hágale una copia a este formulario de orden y envíe libros a otras direcciones también.

How to order "How to Live & Thrive in the U.S."

Tear out or photocopy this order form and mail to:

Live & Thrive Press
P.O. Box 32215
Tucson, AZ 85715-2215

or fax this order form to: 1-877-499-3975
Email: bookinfo@howtoliveandthrive.com
or order on website: www.howtoliveandthrive.com

Name _____

Address _____

City _____ State _____ ZIP _____

Telephone _____

Email _____

Ship to (if different than above):

Name _____

Address _____

City _____ State _____ ZIP _____

Telephone _____

Email _____

Photocopy this order blank to send books to other addresses.

Number of books ordered

Each book, when ordering 1-3	$12.95	$ _____
Each book, when ordering 4-8	$10.20	$ _____
Sales tax, if in AZ, add 7.5% of book prices		$ _____
Shipping/handling, first book (in US)	$ 4.00	$ _____
Fax 1-877-499-3975 for international rates		
Shipping, each additional book (in US)	$ 2.00	$ _____
Total of this order		$ _____

☐ Check or money order made payable to **Live & Thrive Press**

☐ Visa ☐ MasterCard ☐ Amex   Expiration date ___/___
                                              month / year

Credit card number

Signature of cardholder _____

194

Notas/Notes

Notas/Notes